A escola brasileira do concreto armado

A escola brasileira do concreto armado

Augusto Carlos de Vasconcelos
Renato Carrieri Junior

FOTOGRAFIAS

Lamberto Scipioni

AXIS MVNDI

Sede do Grupo Industrial João Santos, em Recife.

Uma aventura chamada cimento

Em 1954, na Ilha de Itapessoca, litoral norte do Estado de Pernambuco, o empresário João Pereira dos Santos inaugurou a primeira fábrica do Cimento Nassau. O empreendimento marcou em definitivo a trajetória do Grupo Industrial João Santos. Inicialmente, ligado ao açúcar e álcool, suas atividades se multiplicaram e hoje passam por indústrias de cimento e concreto, papel e celulose, agropecuária, rádios, jornal, emissoras de televisão, além de empresas de táxi aéreo.

Essa história de realizações continua com o registro de grandes obras edificadas com cimento por este imenso Brasil. Grande parte delas, nos últimos 50 anos, com o Cimento Nassau dando forma e cor à arquitetura e à engenharia brasileiras.

Se a escola do concreto armado no Brasil é marcada pelas extraordinárias qualidades do cimento, a história do Cimento Nassau foi construída por João Pereira dos Santos, fundador do grupo que leva seu nome. Bom filho de Serra Talhada, toda a sua vida espelha a vocação do cimento: burilar o transitório para torná-lo permanente. Um homem discreto, que vive para sua família e seu trabalho, é também único e singular na sua visão de mundo e na sua ilimitada capacidade de trabalho. Quando excepcionalmente resumiu a sua trajetória, traçou perfil e origem com extrema economia de palavras: *"Menino pobre, sertanejo e órfão de pai, sem casa e pouco pão, que tinha como bagagem única a vontade de trabalhar e a fé".*

A Escola Brasileira do Concreto Armado é uma homenagem ao empresário João Santos, respeitado e admirado por sua realização e visão empresarial. É também uma homenagem a arquitetos, engenheiros e operários que igualmente, fazendo uma argamassa de criatividade, cálculo, suor e poesia, deram forma e vez a tudo que o cimento pode produzir.

Para tanto, quisemos um livro que se tornasse referência para a arquitetura e engenharia no Brasil, agradável e rico de informações pelo conjunto arquitetônico apresentado e ressaltando nosso motivo de orgulho que é a capacidade de construir e intervir no ambiente de forma racional e bela. Uma obra que jamais teria sido realizada sem o apoio do seu patrocinador, o Grupo Industrial João Santos, em especial do Cimento Nassau. Agradecemos sem reservas a boa vontade e, sobretudo, a generosidade dos diretores do Grupo, ao não desejar que a totalidade da edição ficasse restrita para seu uso próprio, mas sim que boa parte dela fosse encaminhada às bibliotecas públicas do País, e outra parte distribuída no mercado livreiro para o público em geral.

Agradecemos também o trabalho esmerado dos autores pelo cuidado e apuro que dedicaram à produção desta obra.

Que *A Escola Brasileira do Concreto Armado* seja não apenas testemunho de parte do que já se fez em nosso país no âmbito dessa tecnologia, mas sobretudo estímulo às novas gerações de arquitetos e engenheiros para que dêem continuidade ao esplêndido trabalho já realizado pelos seus professores.

LUIS PELLEGRINI
Axis Mundi Editora

Nota dos autores

Esta publicação fala do concreto armado, material básico de um sistema construtivo relativamente recente se considerarmos o intervalo de tempo que o homem habita o planeta Terra, lançando mão de diferentes materiais e técnicas cada vez mais aperfeiçoadas e tendo em vista o atendimento a uma das suas necessidades básicas: o abrigo individual e a construção dos locais de trabalho e entretenimento.

Toda forma idealizada e construída, por mais primitiva que seja, requer um sistema estrutural e respectivo processo construtivo. Uma coisa é decorrente da outra. Portanto "estrutura", termo bastante abrangente e presente no dia-a-dia das civilizações desde as eras mais remotas até a presente data, é o tema que iremos analisar, não de forma convencional e didática, mas identificando algumas obras relevantes no cenário da arquitetura brasileira, desde as primeiras realizações que determinaram o início do Movimento Moderno até os dias atuais. O critério de escolha levou em consideração a expressividade da obra, do ponto de vista da sua arquitetura e solução estrutural.

Não temos a pretensão de transformar este trabalho em um guia. Aqui são mostradas algumas obras apenas, de importantes arquitetos e engenheiros brasileiros. Não significa que as obras e seus autores não citados não tenham a devida importância.

As fichas relativas às obras analisadas estão relacionadas às edificações, às pontes e aos monumentos exclusivamente. Não estão incluídas obras em concreto importantes como a Hidrelétrica de Itaipu — a maior obra de engenharia da América do Sul e a maior do Brasil em volume de concreto —, portos, estradas, além da sede do Clube Harmonia, projetada por Fábio Penteado (não foi autorizado o acesso às suas dependências), o Edifício da Federação das Indústrias do Estado de São Paulo (do Escritório Rino Levi), a Biblioteca do Memorial da América Latina (de Oscar Niemeyer), a Escola Senai de Jundiaí (de Ricardo Belpiede), o Estádio Municipal do Morumbi e a Garagem de Barcos do Santa Paula Iate Clube (de Vilanova Artigas), esta última por não estar em condições de ser fotografada devido ao seu lamentável estado de conservação.

Na realidade as construções em concreto são tantas e tão diversificadas que se torna praticamente impossível incluir todas aquelas que merecem destaque, sob pena desta publicação ser lançada com duas mil, e não duzentas páginas...

Em tudo, ou quase tudo, o concreto armado esteve presente, moldado pela imaginação e pela capacidade de criar dos nossos melhores profissionais. Somando esforços, arquitetos e engenheiros brasileiros projetaram o cenário das nossas cidades modernas, ajudados pelas mãos humildes e anônimas dos trabalhadores de obra.

Em tempo: os autores de comum acordo decidiram incluir o Edifício da Faculdade de Arquitetura e Urbanismo da Universidade de São Paulo na categoria "Edifícios Institucionais", e não na categoria "Edifícios Escolares", embora o termo não se aplique a um edifício escolar... É que a FAU transformou-se ao longo dos anos em Instituição Nacional devido à sua maravilhosa concepção arquitetônica e à grandiosidade da obra, por si só uma verdadeira aula de arquitetura.

Entretanto, ainda há muito a se construir. Pode ser que este despretensioso trabalho ajude o leitor, não necessariamente informado a respeito dos temas aqui tratados, a compreender o significado e a importância de duas profissões tão antigas quanto a História da Humanidade.

AUGUSTO CARLOS DE VASCONCELOS
RENATO CARRIERI JUNIOR

Apresentação

A trajetória da arquitetura brasileira contemporânea é reconhecida como uma das mais peculiares no mundo. Desde o seu início, há 60 anos, vem desenvolvendo uma produção não só muito rica, mas com características de leveza, clareza, concisão e ousadia. Certamente pela sua imensa criatividade. Provavelmente pela sabedoria em reunir, em fundir, muito expressivamente, técnica artesanal e tecnologia construtiva. E encontrou no concreto armado o material adequado. Atende ao desenho do arquiteto. Amolda-se nas formas que lhe são projetadas. Aos volumes mais ousados. Às curvas não menos audaciosas. Com isso, tem provocado surpresa pelo inesperado, emoção pela beleza. Sua presença no espaço urbano marca a contemporaneidade, que a população, por mais simples que possa ser sua formação, saiba apreciá-la e não passar indiferente à arquitetura. Arquitetura contemporânea que vai compondo a história da cidade.

Outra característica que constato no concreto é a sua atemporalidade. Isto é, trata-se de um material que não é datado, sem as inconveniências e as superficialidades do modismo. Assim como são o tijolo, a pedra, a madeira, o vidro. Alguns desses materiais são empregados há vários séculos pelas mais diversas culturas, escolas e tendências arquitetônicas. Acredito que o concreto armado aparente tem condições similares. A arquitetura brasileira já o utiliza desde o início de seu movimento e tudo indica que continuará por muito tempo. De um lado, se o consumo do cimento prosseguir com os índices atuais (fiquei surpreso ao tomar conhecimento que o cimento, depois da água, é o material mais consumido no planeta), sua fabricação fica assegurada. E de outro lado, a plasticidade e a expressividade que o concreto possibilita, condições fundamentais que tem caracterizado nossa arquitetura, garantem ao material longa utilização. Evidentemente, caberá aos nossos arquitetos a continuidade de experiências e proposições, e aos fabricantes o fomento ao desenvolvimento e às possibilidades do material.

A versatilidade de uso, que nossa arquitetura criou e o concreto possibilitou, tem abrangido uma gama que a todos provoca admiração. Nenhum material de construção conseguiu tanta diversidade de aplicação. As ousadas estruturas. As lindas coberturas. As lajes ritmadas. Os democráticos pisos de residências. As diversas paredes. Os ricos mobiliários. Para isso, espessuras, expressões plásticas, texturas e cores são componentes necessários, onde participam todos os elementos da manufatura do concreto. A forma de madeira, desde um compensado ou placas tipo madeirit, as tábuas de 30 ou de 15, ou sarrafos de 10 ou de 5. A composição do concreto, com várias dosagens do cimento e da água, da escolha do tipo de pedra ou do pedrisco, da procedência da areia, da ferragem adequada. O concreto com cor, a adoção do cimento, normal ou branco, na proporção precisa do pigmento colorido. Uma mão-de-obra treinada que a extensa relação de obras expressa a excepcional capacidade de realização brasileira. Finalmente, a retaguarda que os competentes engenheiros estruturais, reconhecidos internacionalmente pela capacidade, pela ousadia e sensibilidade, e os engenheiros e técnicos de instituições como o IBRACON e a ABCP, pela pesquisa e aconselhamento, colaboram decisivamente nas realizações das obras.

arq. RUY OHTAKE
novembro / 2005

Sumário

Um pouco de história...

Referenciais históricos

Por que uma referência à História?

Pode à primeira vista parecer estranho uma referência direta à História em um livro que fala da escola do concreto armado e protendido, e suas realizações no Brasil. Todavia, em vista da importância que tem o concreto em nosso país, transformado que foi na expressão máxima da técnica construtiva aqui utilizada, consideramos importante uma sumária investigação acerca de como começou, onde e com que intensidade, o que veio antes dele, até que o conhecimento, a curiosidade e as necessidades humanas desaguaram, quase por acaso, em uma técnica que iria mudar de forma radical o panorama da arquitetura mundial.

Não há como separar o conhecimento em compartimentos estanques. A arte, manifestação indiscutível da sublimação da sensibilidade, está ligada à História Universal desde os remotos tempos das cavernas e esta à história da técnica, responsável pela evolução permanente da capacidade de construir do homem contemporâneo.

Além disso, a produção intelectual está ligada à capacidade de estabelecer relações entre idéias, chegando a conclusões através de uma estrutura de raciocínio que segue ao mesmo tempo a lógica e a intuição.

Todo este capítulo tem como objetivo situar o concreto armado em meio à grade histórica em que se encontra. O que chama a atenção é o fato de ele ser uma técnica extremamente recente em relação a um período de bem mais de 5 mil anos de civilização.

Verificando o gráfico (p.16) tal raciocínio fica muito claro, mas não nos apercebemos disso de imediato, achando muitas vezes que ele sempre existiu, ou que foi muito fácil e rápido dominarmos o conhecimento do seu comportamento, submetido que está às leis da mecânica newtoniana.

O estudo do desenvolvimento das tensões na flexão ocupou 300 anos...

INÍCIO DA CIVILIZAÇÃO

Entre tantos fatos significativos que marcaram a História Universal está a transformação das sociedades primitivas ao longo dos séculos, conforme os três períodos que correspondem à Pré-História: os tempos que antecedem, que acompanham, e que sucedem os grandes fenômenos glaciais.

Períodos de frio intenso impõem a necessidade do uso de vestimenta e a busca do abrigo contra as intempéries.

A atividade constante durante o dia, traduzida na busca do alimento e na luta pela sobrevivência, implica a necessidade de repouso à noite, e em segurança.

Deixando os primitivos abrigos naturais, grutas e cavernas, as primeiras luzes da inteligência permitiram o improviso das habitações de junco e argila, materiais encontrados com facilidade na natureza. Portanto, a habitação como necessidade básica sempre esteve ligada ao ato de construir.

Desde então, e em função de tais necessidades, o homem trabalha a agricultura e os metais, cria rebanhos e ensaia um tipo rudimentar de escrita que irá aparecer mais tarde, cunhada inicialmente em tábuas de argila, material utilizado também na fabricação de tijolos crus. O tijolo endurecido ao fogo é originário da região situada a leste do rio Eufrates, na Ásia ocidental.

A pedra natural, por outro lado, muito antes de ser utilizada para a construção do abrigo já servia como monumento aos mortos, pois os nossos ancestrais, embora donos de uma cultura rudimentar, necessitavam alimentar a esperança e a expectativa da sobrevivência do espírito. Para tanto, os monumentos religiosos formavam o elo inicial de ligação dos homens com os deuses.

Talvez a primeira manifestação de um sentimento religioso tenha sido o menir, bloco de pedra de forma alongada encravado no solo com sua parte pontuda voltada para o céu. O mais famoso desses monumentos megalíticos é Stonehenge, também conhecido como a "dança dos gigantes", construído nas planícies de Salisbury, na Inglaterra.

Entretanto, o que caracteriza a idealização intuitiva de um sistema estrutural, no qual dois elementos verticais trabalhando à compressão apóiam um terceiro elemento horizontal submetido à flexão, é o dólmen, sistema trilítico rudimentar e primeiro exemplo da associação pilar e viga.

A civilização mais antiga que deixou como herança monumentais construções, que até os dias de hoje comprovam sua engenhosidade, foi a egípcia.

Egito

No antigo Egito é que se inicia a história da arquitetura.

Suas construções mais notáveis são as pirâmides (feitas de pedra e destinadas a servir como última morada dos faraós), as mastabas (túmulos de dimensões menores de forma tronco piramidal) e os hipogeus (sepulcros escavados na rocha). Os aspectos monumentais das construções na Antiguidade estavam, portanto, relacionados com o aspecto religioso das civilizações da época.

Percebe-se que na Antiguidade, embora ainda não existissem os processos construtivos baseados no comportamento de elementos resistentes capazes de trabalhar de forma solidária, nem por isso as construções deixavam de cumprir os propósitos a que se destinavam, e permaneceram até os dias de hoje como fiel testemunho da capacidade inventiva da humanidade.

A história das civilizações passa pelos sumérios (povo cuja fusão com os acádios mais tarde deu origem aos caldeus), estabelecidos às margens dos rios Eufrates e Tigre, enquanto a Índia e a China organizavam-se geopoliticamente em territórios até hoje ocupados por seus descendentes. A região dos rios Tigre, Eufrates e Nilo, conhecida como Mesopotâmia (atual Iraque), e localidades próximas transformaram-se no berço de um grande número de raças e culturas impossível de definir com rigor, dada a imprecisão da ordem cronológica dos acontecimentos.

Caldéia e Assíria

Nessas regiões o uso característico da argila evidenciava os processos construtivos da seguinte forma:
  - Na Caldéia: argila em forma de tijolo.
  - Na Assíria: argila associada à pedra.
  O arco de tijolo já era construído pelos egípcios e pelos

assírios, de modo que os romanos provavelmente o receberam como herança de civilizações mais antigas.

A grande maioria dos historiadores afirma que a abóbada de berço era construída com freqüência na Babilônia, cidade situada na Mesopotâmia e capital do império de mesmo nome. Lá também se construiu a mais antiga torre de que se tem notícia: a Torre de Babel.

Uma primeira análise dos processos construtivos utilizados pelas civilizações primitivas permite de imediato as seguintes deduções: os materiais disponíveis eram basicamente a argila, matéria-prima da alvenaria de adobe, a pedra e a madeira; as técnicas construtivas se baseavam no apoio simples dos materiais sobrepostos; e a estrutura resultante trabalhava exclusivamente à compressão.

A limitação do comportamento estrutural das edificações não significava que as construções eram de pequeno porte. O templo babilônico conhecido como Zigurate, de planta quadrada, atingia quase 400 metros de lado. O pagode indiano estruturado em madeira sobre base de pedra chegava a cinco pavimentos. Os textos de livros especializados nos dão idéia das gigantescas dimensões dos templos egípcios.

Pérsia

Do Egito e da Caldéia, duas correntes de idéias se propagam em duas direções: uma se dirige à Ásia, a outra ao Ocidente, levando o conhecimento ainda precário, porém adequadamente sedimentado em longos experimentos, que daria origem à nossa arquitetura.

A corrente oriental, partindo do Egito, dirige-se à Pérsia, atual Irã, expandindo-se pelo continente asiático e entrando em contato com as antigas civilizações da Índia e da China.

Lá a argila também era utilizada como matéria-prima na construção de cúpulas e abóbadas, chegando os persas a apoiar as primeiras em estruturas de planta quadrada, fato que por si só já representava um considerável avanço na arte de construir.

Com argila, pedra e madeira construiu-se, e muito, na Antiguidade. A madeira, tão abundante na China e no Japão, permitiu um avanço considerável das artes da carpintaria, tanto em uma parte como na outra, tendo a China representado para o Japão o que o Império Romano representou para o Ocidente.

Um "caldo de cultura", que envolvia também conhecimentos essencialmente práticos relacionados com as técnicas construtivas acumulados por milênios, acabou por atingir a Grécia, levado pelos fenícios, inventores do alfabeto e povo considerado navegador por excelência, que acabou servindo de elo de ligação entre o vale do Nilo e as ilhas do mar Egeu.

Paralelamente, as culturas assíria e caldéia iriam exercer forte influência no Ocidente, levadas por terra pelos hititas.

Não se sabe exatamente como isso ocorreu. O registro desses acontecimentos se perde na noite dos tempos, e não há maneira de descobrir o fio da meada de tantos e tão importantes acontecimentos. No entanto, a gênese do interesse pelo avanço das idéias que proporcionaram tantas descobertas está na curiosidade latente no espírito humano, e em suas necessidades de abrigo e sobrevivência individual, enquanto homem, e coletivo, enquanto raça evoluída.

Alguns fatos marcantes assinalam a evolução do conhecimento e da técnica:

- O aparecimento da escrita a partir da invenção do alfabeto, marco zero da história das civilizações.

- A invenção da moeda, favorecendo as negociações até então realizadas à base de troca simples de mercadorias.

- A utilização do ferro, permitindo a fabricação de artefatos e utensílios indispensáveis no dia-a-dia, além de ferramentas capazes de cortar e moldar adequadamente as matérias-primas.

Grécia e Roma

Os gregos — descendentes de duas raças distintas, os dóricos e os jônicos — achavam que a criatura humana era a medida de todas as coisas.

Sua arquitetura e seus horizontes eram feitos de acordo com tais princípios, e por causa disso se eternizaram.

O uso do ferro pelos assírios e pelos hititas, favorecendo o corte mais preciso da pedra e o desenho do relevo, constituiu-se na inovação que permitiu mais tarde o desenho das caneluras na coluna grega.

Embora não tivessem se apropriado do princípio do arco e seus derivados (abóbadas e cúpulas), limitando-se às combinações do sistema trilítico (colunas e dintéis), suas construções eram feitas com tal proporção e equilíbrio que sua obra mais representativa, o Pártenon, faz parte do rol das obras mais marcantes da história da arquitetura.

Para os gregos, a construção de um templo não assumia o significado que tem nos dias de hoje, em que o templo é um local de orações. Para eles, o templo era dedicado aos deuses que lá residiam.

Os elementos de seus edifícios não diferiam muito dos atuais, a não ser por um detalhe significativo: o sistema estrutural resultante da associação de pilar, viga e laje, chamados na época coluna arquitrave e teto, baseava-se na resistência isolada de cada componente. Formavam um conjunto essencialmente isostático, tal como os pré-moldados modernos, embora seus elementos fossem naturalmente muito menos resistentes.

A cultura helênica voltava suas idéias e seu pensamento para os deuses do Olimpo, enquanto a romana se dedicava a realizações materiais indispensáveis à sobrevivência de um império que viria a se tornar referência histórica no mundo ocidental.

Da arte grega, centrada na criatura humana e dedicada ao culto da harmonia e da beleza, evoluímos em busca de uma arquitetura já nessa altura necessariamente utilitária — pontes, aquedutos, palácios, mercados, anfiteatros e termas eram construídos a partir da descoberta do concreto e da construção das abóbadas de berço e de arestas.

O concreto romano era uma mistura de cacos de mármore e tijolo, areia e um cimento vulcânico chamado "pozolana".

A argamassa resultante, enfeixada por paredes de tijolos ou blocos de pedra, formava um conjunto estrutural bastante consistente, trabalhando à compressão e capaz de receber a carga das abóbadas e das cúpulas. Esse é o caso do Panteon, domo hemisférico cujo diâmetro interior mede mais de 40 metros, tendo seu ponto mais elevado situado a 43 metros de altura, e que utiliza um sistema construtivo essencialmente monolítico: seus contrafortes de sustentação tem 6 metros de espessura.

Dessa forma se resolveu o maior problema dos construtores da época: como vencer um vão de grandes dimensões. Tanta engenhosidade, aliada a um senso prático agudo, acabaram por permitir uma evolução considerável das suas técnicas construtivas.

Exemplo notável da eficiência dos novos métodos é o Coliseu, um edifício de enormes proporções (45 metros de altura) capaz de acomodar 50 mil pessoas, mais do que a maioria dos estádios brasileiros modernos.

A técnica utilizada consistia em agrupar abóbadas de arestas ao longo de dois eixos de 150 x 180 metros em estrutura radial, sustentando fileiras de assentos em torno de um espaço de arena, onde aconteciam as corridas de bigas e os combates entre gladiadores.

O grande mérito da civilização romana deve-se à incorporação de elementos de outras culturas, deixando de lado as preocupações helenísticas com as chamadas "ordens" e passando à pesquisa e posterior descoberta de novos sistemas construtivos, como a tesoura formada por um triângulo indeformável de lados comprimidos e base tracionada.

Ao contrário dos gregos, que apoiavam as coberturas diretamente sobre vigas, os romanos descobriram que a carga das duas metades dos telhados exerce sobre os apoios uma tensão absorvida pelo tirante. Embora não seja um conhecimento muito difundido, por volta do ano zero da era cristã já se conhecia a técnica de armar telhados com a linha trabalhando à tração e o pendural independente.

Uma segunda análise dos processos construtivos utilizados por ocasião do momento histórico que corresponde à derrocada do Império Romano e o início da difusão do cristianismo pelo mundo permite mais uma importante conclusão.

Depois do sistema trilítico, da construção da abóbada de berço e da abóbada de arestas, a cúpula forma com estas o conjunto de elementos que irá determinar o rumo da arquitetura nos séculos seguintes, tanto do ponto de vista estético quanto do da estabilidade das construções. O que havia era uma procura instintiva de um modelo que atendesse à necessidade de vencer grandes vãos, amparando e concentrando os esforços resultantes das cargas das coberturas em um número menor de apoios situados na periferia dos edifícios, às vezes apoiados por paredes maciças destinadas a combater empuxos gigantescos, impossíveis de ser absorvidos pela fragilidade dos materiais utilizados.

A IDADE MÉDIA

Arquitetura românica

A essa altura, a arquitetura românica (início do século IX) flui através das obsessivas tentativas de aperfeiçoar os modelos estruturais destinados a servir de suporte aos edifícios religiosos, dotados de programas cada vez mais complexos que demandavam espaços cada vez mais generosos. Todavia, à medida que a arquitetura evolui no Oriente, o mesmo não acontece do lado ocidental, onde as construções de grande porte acontecem de forma esporádica, na maior parte das vezes em face da demanda crescente do Estado e do clero, reduto das principais manifestações intelectuais da época.

A arquitetura atravessa então um longo período de estagnação, quando a Europa, convulsionada pelas invasões bárbaras, vivencia no intervalo de tempo compreendido entre os séculos XI e XII uma realidade bem distinta, motivada pelo sentimento de fé religiosa, razão principal das peregrinações em direção ao Oriente e das Cruzadas.

O Ocidente desperta para uma nova realidade... O instintivo desejo de reorganização social se faz presente de forma imperativa: surgem as línguas românicas e a arte se transforma.

E em dois momentos bem distintos, o românico – caracterizado pelo seu próprio nome tomado emprestado às diversas línguas que lhe são contemporâneas e pelo uso de vários tipos de abóbadas (de berço, de arestas, e de berço geminadas) – e o gótico – no qual a estrutura passa a representar seu verdadeiro papel na história da arte construtiva – trazem vida nova à arquitetura, que adquire uma feição desconhecida até então, resultado de tantos e tão exaustivos experimentos.

Arquitetura gótica

O gótico preconiza e realiza, em um esforço supremo, parte de algo que o Movimento Moderno iria cristalizar séculos depois: a obediência irrestrita à lógica construtiva do edifício, em que a estrutura atuante terá seu peso próprio reduzido, e na qual cada elemento irá desempenhar o seu verdadeiro papel.

Até o românico, a massa compacta das coberturas se une às paredes portantes, formando um único bloco maciço.

No gótico, um esqueleto de nervuras sob as abóbadas de arestas se encarrega de transportar as cargas para fora do corpo principal do edifício até os arcos botantes, libertando as superfícies laterais maciças de seu papel de sustentação, e pontilhando-as de vitrais coloridos capazes de permitir a entrada de luz no interior das catedrais, até então pobremente iluminadas.

Outra característica do gótico é o arco ogival, um artifício utilizado com o propósito de aumentar a altura das colunas, construídas muito baixas e com seções exageradas pelos arquitetos românicos.

Graças a tais artifícios, pela primeira vez na história da arquitetura o "esqueleto estrutural" começa a tomar forma independente das paredes de vedação.

Uma das obras tidas como característica desse estilo arquitetônico é a Catedral de Notre-Dame, construída em Paris no século XII. Como a construção ainda apresenta elementos românicos, a obra que marca o início do gótico é a Catedral de St. Denis.

Na Itália, a catedral de Florença (Santa Maria del Fiore), iniciada em cerca de 1296, é provavelmente mais renascentista primitiva do que gótica. Seus arquitetos foram Arnolfo di Cambio, Giotto, Andrea Pisano e Francesco Talenti.

Filippo Brunelleschi foi o responsável pelo projeto da cúpula octogonal.

A RENASCENÇA (SÉCULOS XV A XVII)

Limitado pela falta de deduções matemáticas (o primeiro cálculo matemático da História aconteceu em 1742, para fins de reforço estrutural da cúpula da Basílica de São Pedro, em Roma, e foi realizado por Giovani Poleni, professor de física experimental da Universidade de Pádova), visto que os primeiros estudos sobre o comportamento físico dos elementos estruturais foram feitos por Galileo Galilei (1564-1642), o gótico se extingue no século XV.

Em 1452, Leon Battista Alberti, humanista italiano, arquiteto e principal responsável pelas teorias artísticas da Renascença, escreve de *Re Aedificatoria*, obra distribuída em dez livros, expondo novas teorias e baseado nos textos de Vitruvius, o primeiro grande teórico da arquitetura. Ele sugeria o estabelecimento de uma divisão clara entre as tarefas de quem projeta das tarefas de quem constrói.

Filippo Brunelleschi, cujo maior interesse era o processo de construção das cúpulas, é outro nome que se identifica com o primeiro período renascentista.

Embora o período tenha produzido artistas como Francesco Borromini, Donato Bramante, Gian Lorenzo Bernini, Raffaello Santi (Raphael), Leonardo da Vinci, Michelangelo Buonarroti, Andrea Palladio e Giacomo Barozio da Vignola, pouco ou nada se produziu de inovação estrutural na Renascença.

Tendo como centro Florença, a arquitetura da Renascença espalhou-se pela Europa, em especial na Alemanha e na Espanha, até a chegada do barroco por volta do século XVII.

Em paralelo, um fato de importância fundamental para a Ciência, relacionado à arquitetura e à engenharia, ocorreu quando Isaac Newton (1642-1727), cientista e matemático inglês, lançou os fundamentos da física moderna.

Inserido entre a Renascença e o Neoclássico, o Barroco, apesar da profusão ornamental que o caracteriza (chegou ao Brasil, particularmente em Minas Gerais), também nada acrescentou à questão estrutural, que permaneceu estagnada até meados do século XVIII.

O NEOCLÁSSICO (SÉCULOS XVII A XIX)

Nada mais tendo sido descoberto depois do românico e do gótico, a arquitetura regride no tempo para ir buscar nas suas raízes greco-romanas algo que lhe dê significado enquanto arte, embora distante dos modernos processos construtivos, visto que o concreto armado e o aço ainda estavam para ser descobertos.

Tudo que foi possível resgatar não foi além, mais uma vez, do simples ornamento, como se o retorno às formas clássicas servisse de contraponto à impossibilidade de evolução depois da Renascença tardia.

Mais ou menos o que aconteceu a partir do momento em que a moda efêmera do "Pós-Modernismo" decidiu que o Movimento Moderno estava morto e enterrado, e já não servia para mais nada...

O Neoclacissismo, ou Renascimento Clássico, produziu obras universais como o Arco do Triunfo, monumento situado nos Champs-Elysées e projetado por Jean-François Chalgrin.

O ART NOUVEAU

Em meados do século XIX surgiu o *Art Nouveau*, que atingiu não somente a arquitetura mas também as artes gráficas e a decoração. Ele está ligado à obra de Victor Horta, na Bélgica, e a Louis Sullivan, nos Estados Unidos.

A obra mais representativa do período é a Torre Eiffel, do engenheiro francês Gustave Eiffel, marco monumental da Exposição Universal de Paris em 1889.

Mas ela não pode ser considerada o marco inicial do modernismo. Foi com a descoberta do concreto armado e a construção de pontes e edifícios em estruturas metálicas que se iniciou o processo de desenvolvimento tecnológico até então estagnado.

A REVOLUÇÃO INDUSTRIAL E A IDADE MODERNA

No final do século XVIII, fatos que mudaram o rumo da História já haviam se consumado:

- A invenção da máquina a vapor de James Watt marca o início da Revolução Industrial em 1765.
- O vão de 30 metros do rio Severn, na Inglaterra, foi vencido pela ponte de ferro Coalbrookedale Bridge em 1777.
- No projeto da Fiação Phillip & Lee em Stanford, Inglaterra (1801), realizado pela firma Boulton & Watt Corp., o ferro foi utilizado pela primeira vez na articulação pilar vs. viga I.

O profundo impacto da tecnologia sobre a arquitetura havia começado. Em meados do século XVIII o ferro foi empregado na construção de edifícios pela primeira vez.

A partir de um projeto elaborado pelo arquiteto francês Henri Labrouste, a Biblioteca Sainte Geneviève foi construída na França, em 1850, e o Palácio de Cristal, projetado por Joseph Paxton, foi erguido na Inglaterra em 1851.

Um pouco antes, por volta de 1800, na França, surgiam as primeiras galerias cobertas em estrutura de ferro e vidro, precursoras dos atuais shopping centers.

Outro marco histórico é a Galeria das Máquinas, projeto de Charles Dutert e Victor Contamin para a Exposição Mundial de Paris (1889), não somente em função do novo material e da tipologia estrutural, mas também devido às suas proporções: vão de 115 metros e altura de 45 metros! Pela primeira vez o aço é utilizado em uma construção desse porte.

Em 1856, Sir Henry Bessemer, engenheiro inglês envolvido em pesquisas relacionadas com a produção de artefatos bélicos, havia descoberto e desenvolvido o processo de fabricação do aço, que a partir de 1890 substitui o ferro como material estrutural.

Curiosamente, quase ao mesmo tempo, o engenheiro francês Joseph Louis Lambot realizava os primeiros experimentos visando estruturar a argamassa de concreto com tela metálica.

A descoberta, e a posterior sistematização do uso do concreto armado (em 1902 o Prof. Emil Morsch desenvolveu a primeira teoria sobre o dimensionamento), serviu de base para a consolidação do Movimento Moderno.

Auguste Perret, Peter Behrens, Adolf Loos e Frank Lloyd Wright representam a primeira geração de arquitetos modernistas, embora mais em função da utilização da nova técnica construtiva, já que as premissas do Movimento Moderno foram na verdade lançadas pelo suíço Charles Edward Jeanneret, conhecido como Le Corbusier.

Seus cinco pontos exigiam uma maneira de construir completamente diferente daquela utilizada até então:
– Os pilotis.
– O terraço-jardim.

– A planta livre.

– A estrutura independente.

– A janela em fita.

Naturalmente outros arquitetos contribuíram para a cristalização de tais premissas, como Walter Gropius, fundador da Bauhaus, e Ludwig Mies van der Rohe, através de uma produção profissional de alta qualidade, além da riqueza de sua contribuição intelectual.

Mies inclusive é autor de um postulado singular, a famosa frase "Less is More", ilustrando o novo pensamento arquitetônico que a cada dia se firmava, e que em pouquíssimo tempo encarregou-se de retirar a ferrugem acumulada havia séculos nas engrenagens que movimentavam em câmera lenta a "máquina de morar", conforme definição de Le Corbusier.

Era o fim da produção artesanal, da deselegância dos espaços limitados, e o início de um tempo decidido a mudar a fisionomia da arquitetura e do urbanismo, traduzindo em uma melhor qualidade de espaço as possibilidades ilimitadas dos novos sistemas estruturais e respectivas técnicas construtivas.

"A arquitetura deve refletir o seu tempo", dizia Eugène-Emmanuel Viollet-le-Duc, um dos grandes teóricos da arquitetura, ao lado de Vitrúvio e de Le Corbusier.

Estavam lançadas as bases de um movimento que literalmente viraria pelo avesso o universo da arquitetura e do urbanismo em todo o mundo.

O rápido aumento da densidade demográfica em áreas muito povoadas e a descoberta da utilização dos metais e do cimento na construção civil acabaram por provocar o aparecimento de dois artefatos de importância fundamental, que iriam desempenhar um papel extremamente importante no desenvolvimento da arquitetura e do urbanismo dali em diante: a ferrovia tornada factível após a descoberta do processo de laminação de trilhos, favorecendo o transporte de cargas, e a invenção do elevador.

Os primeiros elevadores mecânicos foram construídos em 1853 por Elisha Graves Otis, em Nova York.

O primeiro elevador de passageiros demorou um pouco para ser visto na Europa, e, segundo os historiadores, foi o elevador exibido na Exposição de 1867 em Paris.

Com tantas condições favoráveis, não haveria como impedir o processo de verticalização que viria a seguir, conseqüência direta da possibilidade de ocupação dos lotes urbanos com edifícios de múltiplos andares, passíveis de ser galgados por escadas e elevadores.

A construção de arranha-céus foi iniciada nos Estados Unidos, simultaneamente em diversas cidades, e em seguida na Europa, embora o processo de urbanização tenha se intensificado com ritmo idêntico nos dois continentes.

Não se sabe se isso se deve ao espírito empreendedor dos norte-americanos ou ao pensamento europeu mais conservador, fruto de tradições urbanas seculares e de valores culturais mais arraigados.

Nos Estados Unidos, o engrandecimento do indivíduo atrelado à expansão da riqueza nacional acabou por determinar uma produção acelerada de arranha-céus de grande altura, destinados às atividades comerciais, hoteleiras e das companhias de seguros.

Mergulhado nesse clima de euforia desenvolvimentista é que surgiu o movimento denominado Escola de Chicago, cujo precursor foi William Le Baron Jenney.

O edifício de sua autoria construído em 1883 para a companhia de seguros Home Insurance Company é considerado o marco inicial da Escola de Chicago e o primeiro edifício erguido de acordo com os princípios modernos que passaram a vigorar.

Obras notáveis, como o Empire State Building (de Shreve, Lamb and Harmon Architects), o edifício de escritórios da Pan Am (de Emery, Roth & Sons, Pietro Belluschi e Walter Gropius), o Seagram Building (de Mies van der Rohe e Phillip Johnson), o World Trade Center (de Minoru Yamasaki & Assoc. Design Architects) foram construídos quebrando sucessivos recordes de altura. Na Europa e na Ásia a produção de arquitetos como Kenzo Tange, Renzo Piano, Richard Rogers, Norman Foster, Jean Nouvel e Santiago Calatrava reflete o resultado de uma procura ansiosa pela qualidade de espaço, apoiada nos processos tecnológicos inerentes à sociedade industrializada que ocupava o século XX.

Processos construtivos. Evolução ao longo da História demonstrada por gráfico.

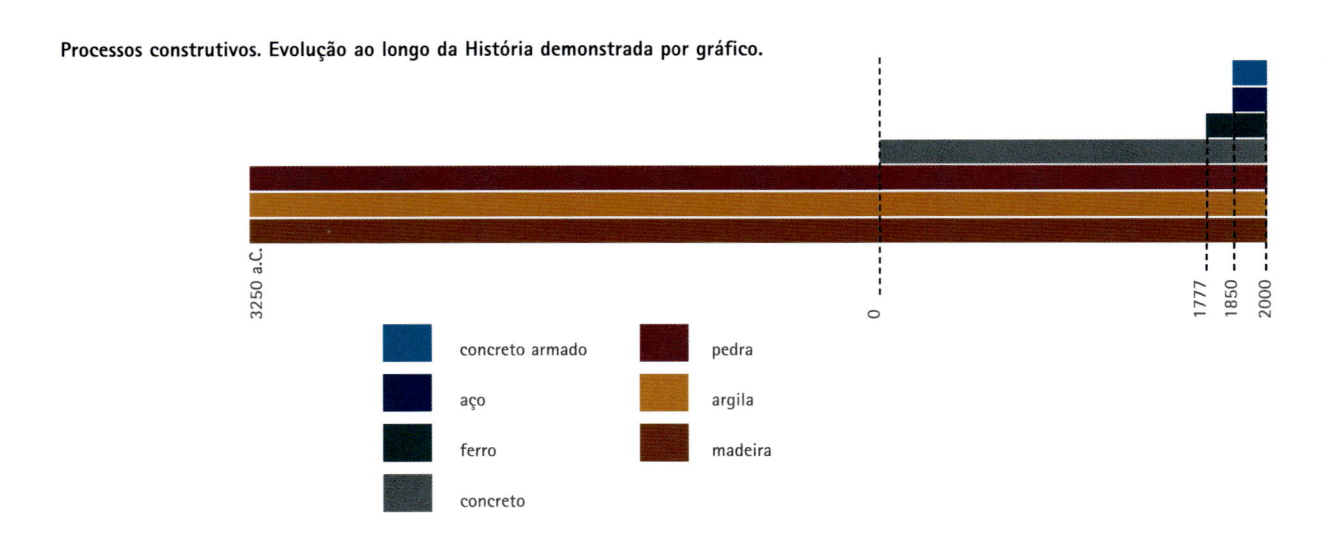

3250 a.C.

0

1777

1850

2000

concreto armado

aço

ferro

concreto

pedra

argila

madeira

O Brasil e o movimento moderno

O final deste capítulo tem por objetivo analisar resumidamente o Movimento Moderno, antítese das correntes acadêmicas vinculadas ao ecletismo do século XIX, que, reinterpretado pelos mais importantes arquitetos da época, possibilitou uma radical e definitiva virada de página na nossa história, constituindo-se em uma verdadeira exaltação à cultura brasileira.

Como a arquitetura é uma arte que não pode prescindir da técnica, devem ser aqui assinaladas as infinitas possibilidades que a nova técnica do concreto armado oferecia, exploradas à exaustão por Oscar Niemeyer, cuja arquitetura de formas livres rompia com os princípios da ortogonalidade e da racionalidade construtiva defendidos pelos mais radicais, e inaugurava com a singela Igreja de São Francisco um momento novo, colocando os arquitetos e a arquitetura brasileira em lugar de destaque perante o cenário internacional.

A arquitetura brasileira não teria identidade própria não fosse a contribuição desses pioneiros, cuja produção valorizou a arquitetura nacional e os próprios arquitetos, até então considerados profissionais de pouca expressão, meros desenhistas de fachadas e coisas afins de menos importância, uma vez que a arquitetura era feita pelos engenheiros civis e os cursos de formação profissional não passavam de especialização dos cursos de engenharia.

A transformação rápida, e até certo ponto radical, da sociedade rural em urbana em nosso país passou por diferentes ciclos, até que a relativa riqueza proporcionada pela próspera economia cafeeira impulsionou alguns pequenos investimentos na área comercial e industrial.

A intelectualidade brasileira acompanhava com interesse tudo que acontecia fora daqui. Em clima de total efervescência cultural, o Theatro Municipal de São Paulo abrigou em 1922 a Semana de Arte Moderna, embora em matéria de arquitetura nada tivesse acontecido que despertasse a atenção, em face da produção pequena da época.

As primeiras manifestações que faziam referência ao Movimento Moderno na arquitetura partiram do arquiteto russo Gregori Warchavchik, que havia fixado residência no Brasil em 1923, assim como vários arquitetos europeus interessados na produção nacional apoiada no momento econômico favorável que o país atravessava, como Jacques Pilon, Giancarlo Palanti, Lucjan Korngold, Victor Reif, Lina BoBardi e Adolf Franz Heep.

A residência de Warchavchik, concluída em 1928 e construída na rua Santa Cruz, na Vila Mariana, é considerada a primeira residência com tendências modernas.

Contava ela com móveis desenhados pelo próprio arquiteto e com quadros dos principais artistas que haviam participado da Semana de 22, tais como Tarsila do Amaral, Anita Malfatti e Di Cavalcanti.

O impacto causado por suas primeiras obras foi muito grande, e acabou rendendo dividendos inesperados: Lucio Costa, recém-empossado diretor da Escola Nacional de Belas-Artes (ENBA), no Rio de Janeiro, o convidou para participar da reformulação do currículo tradicional do curso de arquitetura.

Embora permanecendo por pouco tempo na direção da ENBA, Lucio Costa desempenhou papel importante como gestor de um processo de renovação dos currículos tradicionais, fato que viria mais tarde servir de base para a criação das faculdades autônomas de arquitetura.

Inúmeros estudantes e profissionais recém-formados se deixaram influenciar pelas idéias de Lucio Costa, por sua vez influenciado também por Le Corbusier e Frank Lloyd Wright, quando da visita deles ao Brasil.

Projetos de Álvaro Vital Brasil, em São Paulo, dos irmãos Marcelo e Milton Roberto, no Rio de Janeiro, e de Luiz Nunes, no Recife e em Olinda, seguiam os princípios de Le Corbusier, porém a obra que pode ser considerada o marco inicial do Movimento Moderno no Brasil é o edifício do Ministério da Educação e Saúde do Rio de Janeiro (ver p. 49).

Outro projeto que conquistou grandes elogios da crítica internacional, possibilitando o reconhecimento à nossa arquitetura, foi o Pavilhão Brasileiro na Feira Mundial de Nova York, em 1938, projetado por Lucio Costa e Oscar Niemeyer, então um jovem e promissor arquiteto.

Foi dessa forma que Niemeyer despontou. Projetou a Obra do Berço, em 1937, e o Grande Hotel de Ouro Preto, sendo logo em seguida convidado por Juscelino Kubitschek, na ocasião prefeito de Belo Horizonte, para projetar alguns edifícios públicos em um bairro novo da capital de Minas Gerais conhecido como Pampulha (ver p. 143).

O reconhecimento internacional do grande sucesso obtido pelo Pavilhão Brasileiro na Feira de Nova York acabou por sensibilizar a mídia e a opinião pública norte-americana. Em 1943 o MoMA (Museum of Modern Art) promoveu a belíssima exposição *BRAZIL BUILDS*, transformada em uma publicação que registrava a produção contemporânea dos principais arquitetos brasileiros: *Brazil Builds: Architecture New and Old*, de Philiph Goodwin.

Foi com base no plano de governo de Juscelino Kubitschek e na arquitetura moderna brasileira, já com reconhecimento internacional, que surgiu Brasília, no rastro de uma política de desenvolvimento que definia a atividade industrial, e não a agrícola, como o carro-chefe do desenvolvimento. Não seriam mais a agricultura e a agropecuária as produtoras dos insumos básicos da economia dali em diante, e sim a indústria.

Em 1931 Getúlio Vargas criou a Comissão Nacional de Siderurgia, e, em 1941, com financiamento de 20 milhões de dólares do Eximbank, começou a construção da Usina de Volta Redonda, no estado do Rio de Janeiro. Hoje o Brasil é o oitavo produtor mundial de aço, com 27 milhões de toneladas por ano.

Em paralelo, o crescimento da indústria nacional do cimento no princípio do século, visto que nos anos 1920 quase todo o cimento consumido era importado, veio ao encontro das necessidades de um país carente de hospitais, escolas, indústrias, conjuntos residenciais, estradas, barragens etc.

Se lastrear o desenvolvimento no crescimento do nosso parque industrial foi decisão acertada, ou não, é muito difícil afirmar. Se tínhamos vocação para incrementar esta ou aquela atividade, também é difícil dizer, não obstante a grandeza territorial de um país de dimensões continentais. O fato é que o crescimento do país no século XX, em todos os sentidos, inclusive o populacional, o que é uma verdade indiscutível, e a esperança de todos nós estão agora voltados para o dia de amanhã, em que todos deverão ter merecidas oportunidades iguais de educação, trabalho, transporte e habitação, tal qual acontece em qualquer Estado civilizado.

E se não foi possível realizar a leitura completa dos principais acontecimentos inseridos em período tão extenso, ao menos podemos reafirmar a esperança no futuro, visto que tudo aquilo que realizamos até agora traz a marca da genialidade de um povo fraterno, generoso, digno e trabalhador, presente na pintura de Tarsila do Amaral, na música de Heitor Villa-Lobos e Antonio Carlos Jobim, e na arquitetura de Lucio Costa, Vilanova Artigas e Oscar Niemeyer.

Concreto, uma breve história

Sem a menor dúvida, o princípio do conhecimento é o empirismo, a tentativa e a descoberta. Provavelmente foi dessa forma que os antigos perceberam a eficácia de um mecanismo de travamento das duas águas de um telhado, através da ancoragem delas a uma barra metálica colocada horizontalmente junto à arquitrave, com a finalidade de anular os empuxos nos apoios, solidarizando o conjunto.

Aliás, o conceito acima descreve o princípio estrutural da tesoura.

Em 1850, o engenheiro francês Joseph Louis Lambot efetuou as primeiras experiências práticas de introdução de ferragens em uma pasta de concreto. Em 1855, a primeira patente de Lambot já incluía um pilar retangular com quatro barras de ferro.

O interessante é que a primeira conseqüência direta da aplicação dos experimentos de Lambot foi um barco, visto que o papel da malha metálica seria o de segurar a argamassa no lugar, dispensando o uso de moldes complicados e dispendiosos. Tentando comercializar o invento, Lambot decidiu exibi-lo na Exposição Universal de Paris. Embora não tendo obtido o reconhecimento imediato do público, seu invento inesperadamente acabou por despertar a atenção de um comerciante de plantas ornamentais chamado Joseph Monier.

Este, através de um agudo senso prático, resolveu substituir as caixas de madeira utilizadas como recipiente de terra úmida pelo novo material naturalmente muito mais resistente à água do que a madeira.

E durante muito tempo Monier produziu e comercializou recipientes de cimento armado, chegando mesmo a desistir da sua atividade principal, até que, ao registrar a patente daquilo que produzia, acabou sendo considerado o criador do concreto armado.

No entanto, um detalhe significativo é que tanto Lambot como Monier associavam o processo de fabricação de elementos de cimento armado com a sua utilização em contato com a água. Monier fabricava vasos, caixas d'água, tubos para encanamentos etc.

Portanto, a invenção do concreto armado começou com a tentativa de fabricar um barco! E durante anos o material serviu para outra finalidade que não a da construção, até que um americano de nome Thaddeus Hyatt (sempre através do experimento) conseguiu vislumbrar o verdadeiro papel da armadura no trabalho com o concreto como peça composta, compreendendo a necessidade de uma armadura transversal

muito bem ancorada, exatamente como o atual estado do conhecimento recomenda.

Hyatt foi o grande precursor do concreto armado, e, possivelmente, o primeiro a compreender profundamente a necessidade de uma boa aderência entre os dois materiais e o posicionamento correto das barras de ferro para que este material pudesse colaborar efetivamente na resistência.

Em 1879, o francês François Hennebique arma, pela primeira vez em obras, elementos tradicionais (pilar, viga e laje) com armadura metálica. A obra de Lambot nas Forjarias Carcês constituiu um caso isolado.

CONCEITOS FUNDAMENTAIS

Cimento é a denominação genérica dada a qualquer pasta que atua como cola, desde que hidratada.

O cimento usado na indústria da construção é um pó de pedra normalmente cinza, que em contato com a água endurece em conseqüência das reações químicas do silicato de cálcio anidro.

Seus componentes mais freqüentes são calcário, argila e xisto.

Os egípcios usavam gesso, os gregos utilizavam a cal, e os romanos uma argamassa composta de "pozolana" (sedimentos originários de atividades vulcânicas), cal, areia e água. Juntando cacos de mármore, conseguiam produzir um concreto primitivo, de uso freqüente em suas construções.

A patente da produção do cimento Portland pertence ao inglês Joseph Aspdin, e data de 1824.

Concreto é o resultado da mistura de agregados (também chamados de aglomerados) graúdos e miúdos, cimento e água.

Agregado graúdo é o nome que se dá às pedras de construção, conhecidas nas obras como brita.

Agregado miúdo é a areia de rio, lavada e livre de impurezas.

Esses materiais, reunidos na proporção adequada a cada tipo de estrutura conforme definição do cálculo, formam uma massa capaz de endurecer ao fim de algumas horas, proporcionando a resistência que se deseja ao conjunto formado por pilares, lajes, vigas, fundações etc.

Concreto armado é o nome do processo construtivo que utiliza a "pasta" resultante da mistura dos agregados, do cimento e da água, lançada na forma de madeira devidamente preenchida com a armadura metálica.

Cada elemento em separado cumpre o seu papel. Os agregados servem para dar volume e consistência à pasta. (É importante preparar um concreto sem vazios.)

A água, na proporção correta, serve para hidratar o cimento. Este atua como cola, ligando tudo.

Cura do concreto é o processo pelo qual o concreto recémlançado é mantido úmido, sem perda da água necessária para a hidratação do cimento.

Do ponto de vista da resistência aos esforços, a armadura mergulhada no concreto trabalha à tração, enquanto aquele trabalha à compressão.

É importante deixar claro que o resultado final depende exclusivamente das determinações do cálculo, da dosagem adequada, de uma boa execução, da qualidade dos materiais empregados, do tempo de cura corretamente observado, e de um controle tecnológico através da retirada periódica de corpos de prova, que deverão ser utilizados para testes de resistência em laboratório, com a finalidade de demonstrar que o concreto terá um desempenho satisfatório capaz de garantir a segurança absoluta do edifício em construção.

Denomina-se traço a indicação das quantidades dos materiais que compõem o concreto:
- Traço em volume.
- Traço em peso.
- Traço em volume dos agregados e do cimento em peso.

Não podemos esquecer a importância da dosagem correta das partes de cimento e água, considerando que a utilização de água em excesso torna o concreto muito trabalhável, mas pouco resistente. O contrário prejudica a trabalhabilidade e melhora a resistência. Como o concreto rompe na pasta, a proporção ideal é aquela que garanta trabalhabilidade e resistência simultaneamente.

A experiência recomenda que se empregue água em quantidade suficiente para a obtenção de um concreto plástico. Esse critério determina, em todos os casos, a mínima quantidade de água a ser utilizada. Utilize uma regra simples: adicione a quantidade necessária de água de modo a obter um concreto suficientemente resistente e tão moldável quanto possível.

É bom lembrar que a preparação do concreto em pequenas obras pode ser feita utilizando-se as conhecidas betoneiras, porém para obras de maior porte é recomendável a utilização do concreto preparado em usina, entregue na obra já pré-misturado.

Para obter um concreto de boa qualidade outros fatores devem ser considerados:
- O grau de pureza da água e dos agregados. (Os agregados devem ser lavados.)
- A mistura adequada do cimento e da água.
- Os cuidados na preparação.

A cura deve ser bem-feita, e é muito importante manter o concreto sempre úmido, pelo menos na primeira semana a contar do dia do lançamento.

Concreto pré-moldado é um concreto cujos elementos construtivos são produzidos fora do local de sua utilização definitiva. Isso pode se dar no próprio canteiro da obra ou em usinas de pré-fabricação. A produção em série desses elementos, portanto, está intimamente associada à industrialização.

As peças são independentes e ligadas entre si através de ganchos de espera e com concretagem local, ou por meio de aparelhos de apoio (neoprene, chumbo, ferro etc.), formando assim um conjunto isostático ou hiperestático.

A técnica do **concreto protendido** é relativamente moderna (1924), e é obtida ao se introduzir um componente artificial de compressão que não está presente nas estruturas convencionais, modificando sensivelmente o diagrama de tensões, tal como acontece nos arcos.

Existem dois sistemas básicos de protensão:
– Pré-tração ou protensão com pré-aderência é o processo que caracteriza as peças pré-moldadas. A protensão do aço é realizada antes de o concreto ser lançado na forma, em pistas apropriadas, sendo a cura acelerada por meio do calor obtido pela utilização de vapor de água capaz de aquecer o concreto até 70 °C.

Depois do endurecimento do concreto, os cabos protendidos são soltos de suas ancoragens provisórias. É aconselhável utilizar no processo concreto de alta resistência, visando reduzir a perda da protensão pela sua deformação elástica.

– Pós-tração em que o aço é embainhado e não aderente ao concreto, endurecido antes da protensão. Os cabos são esticados através de macacos hidráulicos individualmente até o alongamento determinado pelo cálculo, sendo então ancorados em definitivo, injetando-se em seguida calda de cimento dentro da bainha que, pelo fato de ser rugosa, permite a solidarização do aço com o concreto.

É a chamada protensão com aderência posteriormente desenvolvida.

Como ficou demonstrado pelo gráfico (na p. 16), a técnica do concreto armado, pré-moldado e protendido, é muito recente, se considerarmos todo um período histórico de mais de 5 mil anos. Porém foi graças à sua descoberta que arquitetos e engenheiros têm realizado obras extraordinárias, aumentando significativamente a quantidade e a qualidade das construções modernas.

Recordes têm sido quebrados em intervalos de tempo cada vez menores, ao passo que no passado a altura da Grande Pirâmide (2 milhões de blocos de 2 toneladas) só foi ultrapassada no final do século XIX pela Catedral de Colônia.

A extrema praticidade do material (a pasta assume a forma do recipiente tal como a água no copo, e as barras metálicas podem ser dobradas acompanhando também a forma idealizada) admite uma variedade infinita de soluções, tanto melhores quanto maior a criatividade dos projetistas.

O comportamento da estrutura varia na razão direta da sua forma, visto que está submetido às leis da física. No entanto é inegável que, tendo conhecimento das infinitas possibilidades do material estrutural concreto armado e protendido, os arquitetos sempre irão dispor dos meios necessários para desenhar edifícios belos e arrojados, melhorando sensivelmente a qualidade de vida daquele para quem a arquitetura é idealizada: o próprio homem.

100 anos de concreto armado

Quando começou o concreto armado no Brasil?

A primeira notícia de que se tem conhecimento remonta a 1904, exatamente há 100 anos, na singela publicação "As construções em cimento armado", do Prof. Antonio de Paula Freitas, da Escola Politécnica do Rio de Janeiro. Apenas no final dessa publicação aparece uma ligeira menção das "Aplicações no Brasil", sem chamar muito a atenção.

Explica, entretanto, que as primeiras aplicações foram na construção de casas de habitação em Copacabana, sem especificar o local, pela Empresa de Construções Civis, com execução a cargo do engenheiro Carlos Poma. Como naquela época tudo era patenteado, Carlos Poma precisou adquirir os direitos de uso do sistema Monier. De fato, em 1892 obteve o "privilégio de patente", que nada mais era do que uma variante da patente Monier.

Não se sabe mais onde eram essas primeiras obras. Sabe-se apenas que Poma conseguiu executar cerca de 6 prédios, incluindo sobrados, com fundações, paredes, vigamentos, soalhos, tetos, escadas e muros, tudo em "cimento armado", como era conhecido naquela época.

Quem possivelmente começou a utilização do concreto armado de forma sistemática no Brasil foi François Hennebique. Francês de nascimento, pedreiro e empreiteiro de obras, fez sucesso com suas 20 mil aplicações no mundo inteiro até 1909, entre elas 1300 pontes com vãos de até 100 metros. Não se conhecem no Brasil suas realizações. No Uruguai, em 1909 e em 1910, entretanto, tem-se notícia de uma ponte enorme sobre o Arroio Solis, com arco central de 50 metros de vão e dois semi-arcos laterais de 29 metros. Com o fantástico comprimento total de 116 metros, foi executada pelos engenheiros uruguaios Monteverde e Fabini, com projeto provavelmente do próprio Hennebique.

Presume-se que esse profissional tenha executado várias obras no Brasil. De fato, o Almanack Læmmert de 1914 costumava publicar anúncios de Hennebique como fornecedor de plantas e orçamentos gratuitos para obras de "Cimento Armado" no Rio de Janeiro, dando como endereço em Paris a Rue Danton 1. Não ficaram registradas as suas realizações. Sabe-se, entretanto, que a atividade de Hennebique no Brasil foi de curta duração. A chegada ao Brasil da firma alemã Wayss & Freytag, em 1913, encontrou aqui a firma Companhia Constructora em Cimento Armado, fundada em 1912 por Lambert Riedlinger. Tendo tido sucesso em Buenos Aires, resolveu encampar a firma de Riedlinger, mantendo-o como diretor técnico. Para Riedlinger isso deve ter sido uma grande vantagem: unia o poder econômico de uma grande firma alemã ao potencial imenso do Brasil em obras públicas. Em poucos anos conseguiu realizar no Brasil 40 pontes, de Norte a Sul, sendo a mais importante delas a ponte Maurício de Nassau, no Recife (1919), calculada por Emílio Henrique Baumgart quando ainda estudante e estagiário da firma de Riedlinger.

Na verdade a firma já era da Wayss & Freytag, que mantinha o nome de Riedlinger como "testa-de-ferro". Legalmente, a Wayss & Freytag só se registrou no Brasil em 1924, com o nome de Companhia Constructora Nacional (Wayss & Freytag).

A primeira construção com algum significado arquitetônico foi o "primeiro edifício em cimento armado de São Paulo" (ver próximo capítulo).

Em realização de pontes, deve-se destacar a travessia de um dos canais de Santos, de 1907, na rua Senador Feijó, em que se usou o sistema Matrai, tendo sido usados cabos de aço como numa ponte estaiada, não obstante o pequeno vão de apenas 5,40 metros. Isso porque a espessura disponível para a laje, para passagem de veículos, era de apenas 15 centímetros.

A primeira ponte devidamente documentada do estado de São Paulo foi a ponte de Socorro, de 1910, projetada pelos engenheiros Guilherme Winter e Ernesto Chagas, da Companhia Mogiana de Estradas de Ferro. Essa ponte liga a estação de estrada de ferro ao centro da cidade de Socorro, atravessando o ribeirão dos Machados na avenida Pereira Rebouças. Possui apenas 28 metros de comprimento, divididos em três arcos. O ribeirão possui geralmente a largura de apenas 2 metros, mas, na época das cheias, pode chegar a 20 metros de largura, justificando o comprimento total de 28 metros.

Da mesma época deve-se citar a ponte de concreto armado sobre o rio Camanducaia, na Fazenda Modelo em Amparo, São Paulo, de outubro de 1911. Esta ponte sofreu em 2003 um solapamento das fundações em sucessivas enchentes do rio, não tendo sido possível sua proteção em tempo, quando todos os estudos para reforço já estavam concluídos. Infelizmente esse patrimônio nacional desabou totalmente quando equipes estavam prontas para iniciar os serviços de recuperação.

CRONOLOGIA DOS EVENTOS MAIS SIGNIFICATIVOS DA ARQUITETURA E DA ENGENHARIA

Séc. II Na cidade de Alexandria, Cláudio Ptolomeu estudou os movimentos celestes, chegando à conclusão de que a Terra é o centro do Universo, e tudo no Cosmos gira ao seu redor.

1473 Nicolau Copérnico afirma que o Sol é o novo centro do Universo. Polônia.

1523 Galileo Galilei reafirma o que disse Copérnico.

1637 René Descartes (1596-1650) publica *O método*, obra que conduz a uma maior sistematização da Ciência.

1665 Isaac Newton estabelece os postulados da física.

1671 O ministro das finanças de Luís XIV, Jean-Baptiste Colbert, cria a Académie Royale d'Architecture. Paris.

1765 Invenção da máquina a vapor de James Watt, que marca o início da Revolução Industrial.

1794 Criada a primeira escola de engenharia na França: École Polytechnique. Gaspard Monge inventa a geometria descritiva.

1801 No projeto da fiação Philip & Lee, em Stanford, realizado pela firma Boulton & Watt Corp., o ferro é utilizado pela primeira vez na articulação viga vs. pilar.

1819 A École Royale de Beaux-Arts sucede a Académie.

1824 Joseph Aspdin obtém a patente da produção do cimento Portland na Inglaterra.

1826 Início do ensino de arquitetura, através da inauguração da Academia de Belas-Artes pelo imperador D. Pedro I. Rio de Janeiro.

1850 Construção da primeira estrutura em concreto armado: um barco! Joseph Louis Lambot.

1853 Elisha Graves Otis constrói os primeiros elevadores mecânicos em Nova York.

1856 Henry Bessemer descobre o processo de produção do aço.

1879 Elementos tradicionais (pilar vs. viga e laje) são armados por François Hennebique pela primeira vez com armadura metálica.

1894 Criação do curso de engenheiro arquiteto na Politécnica.

1902 Desenvolvimento da primeira teoria sobre o dimensionamento do concreto armado na Alemanha. Emil Morsch.

1903 Construção do primeiro edifício em concreto armado. Auguste Perret. Paris.

1904 Publicação da primeira Norma do concreto armado na Alemanha.

1917 Criação do curso de engenheiro arquiteto na Escola de Engenharia Mackenzie.

1924 Desenvolvimento do processo de protensão, com a utilização de fios de aço de alta resistência. Eugène Freyssinet.

1926 Lançamento das premissas do Modernismo, com cinco princípios básicos. Le Corbusier. França.

1928 Construção de residência (Vila Savoye) com interpretação fiel dos cinco princípios do Movimento Moderno. Le Corbusier. Paris.

1931 Proposição da primeira Norma Brasileira para o cálculo de concreto armado. ABCP (Associação Brasileira de Concreto Portland).

1931 Criação da Comissão Nacional de Siderurgia na era Vargas.

1933 Um decreto-lei regulamenta as profissões de engenheiro e arquiteto.

1940 Conjunto da Pampulha. Belo Horizonte. Formas livres. Pela primeira vez é explorado todo o potencial do concreto armado por Oscar Niemeyer.

1943 Edifício sede do Ministério da Educação e Saúde. Estrutura hiperestática, marco inicial do Modernismo no Brasil. Rio de Janeiro. Le Corbusier, Lucio Costa, Oscar Niemeyer e equipe.

1947 Fundação da Escola de Arquitetura Mackenzie, incorporando o curso de engenheiro arquiteto da Escola de Engenharia.

1948 Fundação da Faculdade de Arquitetura e Urbanismo da Universidade de São Paulo, a partir do desmembramento do curso de engenheiro arquiteto da Escola Politécnica.

1962 Consolida-se a Reforma Artigas. Criação dos Departamentos e Seqüências de Projeto História e Tecnologia.

Obras marcantes em concreto no Brasil

acima: Suposto primeiro edifício de concreto armado construído em São Paulo antes de 1909, obra de Francesco Notaroberto (ainda existente na esquina da rua São Bento com a praça do Patriarca).

abaixo: Edifício Guinle, de 1913, disputa o troféu de primeiro edifício de concreto armado de São Paulo.

O PRIMEIRO PRÉDIO

A primeira obra em concreto armado no Brasil foi um conjunto de seis prédios, alguns deles com sobrados e fundações de concreto armado, executado em Copacabana, no Rio de Janeiro, pela Empresa de Construções Civis, a cargo do engenheiro Carlos Poma. A obra já completou 100 anos, pois data de 1904. Essa informação está documentada no curso de Antonio de Paula Freitas, professor da Escola Politécnica do Rio de Janeiro. Como o concreto armado era novidade, naquela época ainda denominado "cimento armado", tudo era patenteado. Cada profissional procurava escapar dos privilégios de patente, imaginando algo diferente para conseguir sua própria patente. Carlos Poma agiu dessa maneira por meio de uma variante do sistema Monier, e obteve em 1892 seu próprio "privilégio de patente". Conseguiu assim realizar algo no Brasil sem ter de pagar os *royalties* correspondentes a Monier. Nada sabemos a respeito desse primeiro prédio, nem mesmo se ainda existe. Não foi encontrada qualquer documentação a respeito, a não ser essa curta menção de Antonio de Paula Freitas.

No início das construções com concreto armado também procurou-se fazer um prédio com essa característica em São Paulo. A Revista Politécnica nº 22, de 1908, descreve a estação ferroviária de Mairinque como "o exemplo da mais judiciosa aplicação do cimento armado". Não podemos concordar com esse título: a estação foi construída com trilhos velhos da estrada de ferro nos pilares e vigas, e telas de *metal deployeé* nas lajes; o concreto foi executado em volta dos perfis de aço quase como uma proteção contra corrosão.

Não se trata de concreto armado como o entendemos hoje. Não passa de uma estrutura metálica revestida de concreto. A armadura não é constituída de vergalhões de aço que trabalham associados ao concreto, resistindo junto com ele às cargas aplicadas. Não é justo, portanto, classificar essa obra como a "primeira obra em concreto armado em São Paulo". Ela foi projetada e construída pelo famoso arquiteto e professor Victor Dubugras.

Milton Vargas, professor de Mecânica dos Solos e conhecido historiador, publicou em *História das Ciências no Brasil* (EDUSP, 1979) um resumo das construções em concreto armado. Cita como "primeiro edifício de concreto armado" construído em São Paulo, à rua Direita nº 7, o Edifício Guinle. Existe documentação completa no Instituto de Pesquisas Tecnológicas (IPT) sobre o concreto aplicado nessa obra e sua resistência. Foi feita uma pesquisa bastante minuciosa a respeito da evolução da resistência do concreto, apresentada em congresso do Instituto Brasileiro do Concreto (IBRACON). Esse edifício ainda existe, embora o número do prédio tenha sido alterado.

Não se sabe quem projetou o edifício, mas existe documentação completa da participação do Gabinete de Resistência dos Materiais da Escola Politécnica, dirigido na época por Pujol Junior (que sempre assinava na revista com suas iniciais P. J.!).

Faltou a documentação correspondente a autores e data desse projeto, mas não faltou a de outro edifício, de apenas três pavimentos, construído alguns anos antes, em 1909, na atual esquina da rua São Bento com a praça do Patriarca. Esse edifício (ver foto) ainda existe, mutilado e desfigurado pelas suas múltiplas utilizações: lojas *A Capital* e *A Exposição, Caderneta de Poupança Delfin*. Essa informação aparece num jornal de São Paulo, de 18 de junho de 1909, editado em francês: *Le Messager de São Paulo*. Cita o nome do autor e da idéia do projeto: Francesco Notaroberto, italiano da Calábria, residente no Brasil. O artigo tem um título atraente: "Primeiro edifício de cimento armado no Estado de São Paulo". A construção deve datar de 1907 a 1908, pois em 1909 já estava em funcionamento, conforme registra o jornal.

O fato de ser ou não a construção mais antiga é irrelevante. O importante é que sobreviveu a todo o progresso e ainda existe em perfeitas condições de estabilidade, embora, infelizmente, com suas características arquitetônicas totalmente modificadas. Um exemplo disso é que, de acordo com costume da época, os edifícios de esquina possuíam uma espécie de "minarete", um ornato muito apreciado. Esse minarete não existe mais na construção, mas ornatos similares permanecem em muitos prédios daquela época no centro de São Paulo e no Rio de Janeiro.

Além de edifícios, podemos citar outras obras também importantes de pontes, galerias e reservatórios de água. Não podem ser esquecidos os nomes de François Hennebique, Guilherme Winter, Ernesto Chagas, Carlos Euler, Martins Costa, Lambert Riedlinger, Emílio Baumgart, para citar apenas alguns dos pioneiros.

62 OBRAS MARCANTES

Esta parte do livro objetiva estudar algumas das principais obras construídas em concreto armado e protendido desde o início até o final do século XX; desde quando começou o Movimento Moderno na arquitetura brasileira.

Das 62 obras aqui mostradas, é bom lembrar que, em sua grande maioria, elas pertencem à velha geração. Sinal de queda de qualidade da produção brasileira? Acreditamos que não. Tal fato reflete, sem a menor sombra de dúvida, a queda da nossa produção em termos quantitativos, fruto da permanente recessão em que estamos mergulhados por razões que aqui não nos cabe analisar.

Vista atual da Estação Ferroviária de Mairinque.

Edifícios Institucionais

Palácio da Alvorada

Palácio do Planalto

Faculdade de Arquitetura e Urbanismo – USP

Clube da Aeronáutica

Edifício do Banco Central do Brasil

Palácio da Alvorada

Oscar Niemeyer (arquitetura); **Joaquim Cardozo** (estrutura); Brasília, 1956

Muito se publicou sobre o Palácio da Alvorada, no Brasil e no exterior, porém somente no âmbito da arquitetura e da arte. Sobre a estrutura conhece-se muito pouco, mesmo depois de passados 40 anos da obra concluída.

Niemeyer conta em seu livro o que o norteou na concepção dessa obra magnífica: trabalhar na forma dos suportes. Que eles pudessem, além de ir ao encontro das exigências funcionais, caracterizar o edifício e lhe conferir uma leveza tal que parecessem quase destacados do solo, apenas pousados na superfície de apoio.

Para conseguir esse efeito Niemeyer contou com a sensibilidade e o espírito poético de Joaquim Cardozo, que também pensava como ele: para alcançar o objetivo abandonava tudo o que estava consagrado na técnica e raciocinava como se estivesse criando um novo tipo de concreto armado, esquecendo as imposições e as limitações das normas estruturais, e as propriedades dos materiais empregados. Dirigia seu pensamento para a obra em si, como faziam Michelangelo e Brunelleschi. A diferença consistia em que estes não estavam infringindo quaisquer regulamentos, pois tais regulamentos não haviam ainda sido concebidos, ao passo que Cardozo estava consciente do "seu pecado". Não importava muito para Cardozo se as proporções dos suportes estavam ou não relacionados com as cargas atuantes — o que importava era a beleza e seu efeito aparente.

Pier Luigi Nervi criticou a supressão de dois pilares da fachada, aumentando a carga nos outros e ainda cortando ao meio os pilares adjacentes. Como a carga está sendo resistida pela fileira de pilares internos, isso não faz diferença, pois os pilares da fachada ficaram superabundantes. Eles estão projetados mais como decoração do que como estrutura. Cardozo conseguiu obter o efeito desejado por Niemeyer ao criar suportes internos que recebessem a maior parte da carga, aliviando assim a solicitação dos pilares da fachada. A estrutura foi concebida diferentemente do que aparenta ser. Depois dessas explicações, as críticas de Nervi deixam de ter o sentido que ele desejou aplicar. Na verdade, os bonitos pilares definidos por parábolas de quarto grau têm função estrutural secundária.

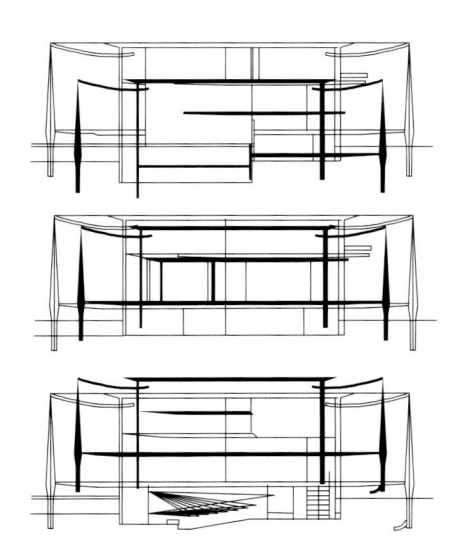

Cortes transversais que esclarecem os muros de arrimo e a laje do forro.

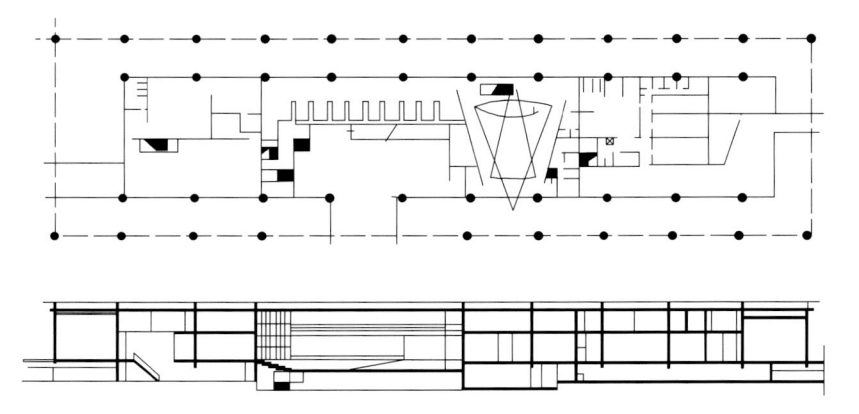

Planta do subsolo mostrando que externamente à segunda camada
de pilares foi previsto um aterro de 2 metros, e que os muros
de arrimo estão localizados para dentro da fachada que se aprecia de fora.
O corte longitudinal ajuda a compreender essa estrutura.

Palácio do Planalto

Oscar Niemeyer (arquitetura); **Joaquim Cardozo** (estrutura); Brasília, 1958

Na Praça dos Três Poderes existem duas obras importantes: o Palácio do Planalto e o edifício do Supremo Tribunal Federal. Niemeyer concebeu as duas obras com o mesmo critério: dar aos pilares formas inusitadas, conferindo-lhes certo grau de monumentalidade, para torná-las características dentro da nova capital. Niemeyer escolheu para os pilares do Palácio do Planalto formas parecidas com os meios pilares do Palácio da Alvorada, mantendo certa uniformidade de concepção.

As três obras — Palácio da Alvorada, Palácio do Planalto e edifício do Supremo Tribunal Federal — apresentam o mesmo critério para a entrada: rampas alongadas perpendiculares à fachada, com supressão de dois pilares para tornar a entrada mais majestosa. A rampa do Palácio do Planalto, entretanto, é mais longa, para possibilitar um pavimento não enterrado abaixo da primeira laje.

O espaçamento entre os pilares é constante e igual a 12,5 metros, com exceção da região da rampa, onde ele fica triplicado. Diferentemente do Palácio da Alvorada, onde foi dada uma solução peculiar, isso provocou sérios problemas de deformação que poderiam comprometer o aspecto da fachada.

Para dentro do prédio a próxima linha de colunas está afastada 11 metros da fachada, e é ali que começa a laje do primeiro pavimento. O espaçamento é mantido — 12,5 metros na direção paralela à fachada. Na direção perpendicular os espaçamentos são de 11-11-15-11-11 metros. A primeira laje (térreo) não atinge a prumada de pilares da fachada, ficando 9 metros recuada, dois metros antes da segunda fileira de pilares. Os pilares da periferia só recebem a carga da cobertura. As cargas dos três pisos são absorvidas exclusivamente pelos pilares internos. Isso fica bem visível nos cortes longitudinal e transversal.

As cargas avaliadas nos pilares de fachada são de 1000 kN de reação da cobertura e de 700 kN de seu peso próprio. São cargas muito menores do que aquelas que ocorrem nos pilares internos. Mesmo assim, as seções transversais daqueles pilares, tanto no topo como na base, são tão reduzidas que, pela quantidade de armadura que possuem (17,5%), não podem ser considerados "concreto armado".

As críticas que têm sido feitas quanto à porcentagem de armadura, acima dos limites das normas internacionais, não procedem. Foi considerado que apenas o aço resiste sozinho à carga aplicada: 55 cm² de seção de aço seriam suficientes, existindo 96 cm², quase o dobro. Para evitar que o concreto envolvente, que não deveria participar da resistência deformando-se junto com o aço, tendesse a se desprender, o projetista Joaquim Cardozo usou de um artifício.

Cada barra de 32 milímetros deveria ser envolvida por um fio fino de 6,3 milímetros em hélice, e seriam colocadas transversalmente barras finas entre os vergalhões para absorver os esforços de cunhagem. Não foi possível colocar essas barras finas pela impossibilidade de concretagem (naquela época ainda não existia o concreto auto-adensável!), e então o inevitável aconteceu. Na desforma, apareceram fissuras verticais acompanhando as barras grossas.

Os construtores acharam uma solução brilhante. Para evitar uma degradação do aço pela infiltração através das fissuras, o cobrimento do aço foi extraído numa altura de um metro e foi feito um enrolamento com várias espiras de fio de 6,3 milímetros encostadas umas às outras. Feito isso, foi aplicada uma argamassa para realizar a aparência do concreto, ficando o remendo imperceptível. Em cada volta, o fio enrolado era submetido a uma tração com equipamento improvisado e uso de solda, criando assim alguma protensão.

Outro problema que não pode deixar de ser mencionado refere-se à deformação da cobertura na região da rampa de entrada. Para evitar infiltrações, foi previsto um lençol de chumbo obtido com fitas desenroladas e unidas por solda contínua. Por cima, para proteger o chumbo e evitar a formação de bolsões com a dilatação térmica, foi colocada uma camada de argamassa para suporte do acabamento final. A borda da fachada seria coberta com placas de mármore que avançavam para cima da face superior, para esconder as deformações excessivas existentes.

Cardozo havia previsto uma flecha de 2,5 centímetros, mas o engenheiro de obra, Fausto Favale, previu uma contraflecha de 10 centímetros na laje. Mesmo assim, isso não foi suficiente, pois apareceram flechas positivas de 20 centímetros invertendo o caimento. Foi necessário engrossar o revestimento, o que agravou o problema. Ainda mais: a dilatação do material de enchimento fez com que ele se deslocasse sobre o chumbo e ficasse saliente na fachada, forçando o mármore para fora. Resultado: as placas de mármore quebravam e caíam, oferecendo perigo para os usuários. A solução foi destacar as placas da fachada, fixando-as por meio de chumbadores longos.

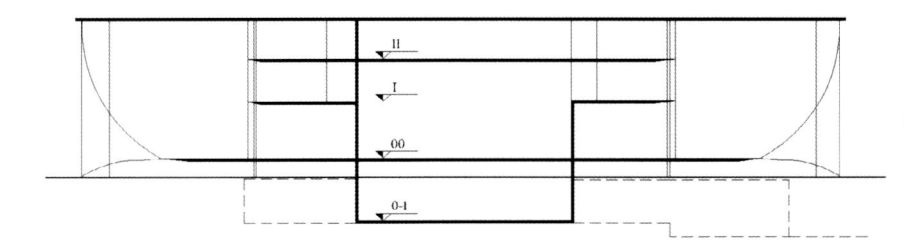

Corte longitudinal do Palácio do Planalto, fora da rampa de entrada.

Corte transversal do Palácio do Planalto.

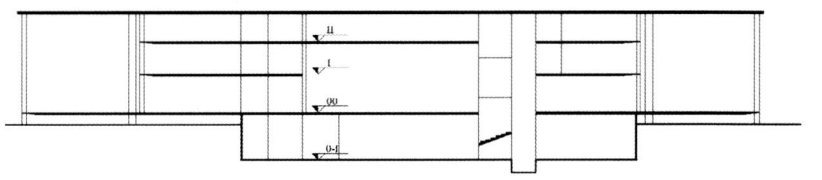

Faculdade de Arquitetura e Urbanismo – USP

João Batista Vilanova Artigas e **Carlos Cascaldi** (arquitetura);
Escritório Técnico Figueiredo Ferraz (estrutura); São Paulo, 1961

O "Templo da Arquitetura" concebido por Artigas constitui-se em uma aula de arquitetura e de estrutura. Edifício de concepção arquitetônica e solução estrutural extremamente claras, com grandes vãos entre pilares, caracteriza-se pelos espaços abertos, pés-direitos variados e grandes empenas laterais apoiadas com extrema suavidade em pilares escultóricos.

Magistralmente implantada, a Faculdade de Arquitetura e Urbanismo da Universidade de São Paulo parece que sempre existiu no terreno em que foi construída. Não há portões, corredores, cancelas, paredes ou barreiras. Os seis pavimentos são ligados por rampas largas de inclinação suave, onde o movimento ininterrupto favorece os encontros diários e as recordações fortuitas por parte daqueles que lá estudaram: "Te conheço da rampa...", dizem os arquitetos, quando algum encontro casual acontece entre colegas contemporâneos.

A continuidade de espaço sugere a liberdade de ir e vir, e a sensação de que nada é permanente e tudo está interligado. Dizia Artigas: "Quem der um grito dentro do prédio, sentirá a responsabilidade de haver interferido em todo o ambiente...".

O espaço circunda o pátio central apelidado de Salão Caramelo, local nobre onde acontecem os eventos mais significativos da instituição: assembléias, palestras e festividades.

Colunas internas cilíndricas, com as redes de instalações embutidas, domos de iluminação zenital sobre a grelha de cobertura e rampas de inclinação suave, fazem parte de um conjunto monumental onde a apropriação de um sistema construtivo adequado se faz presente em cada detalhe.

A estrutura presente está integrada à arquitetura, não mesquinha e escondida, mas à vista e imponente como deve ser quando idealizada pelo profissional que a decifra e se encanta com suas imutáveis leis.

Provavelmente uma das poucas escolas de arquitetura do mundo em que o curso é ministrado em ambiente propício. Por causa disso, o aprendizado acontece também em função da capacidade de observação e leitura do espaço.

No livro *Vilanova Artigas*, o arquiteto Ângelo Bucci afirma:

"Artigas nos ensina, todos os dias, que a inteligência é generosa e tem a forma de um prédio sem portas...!"

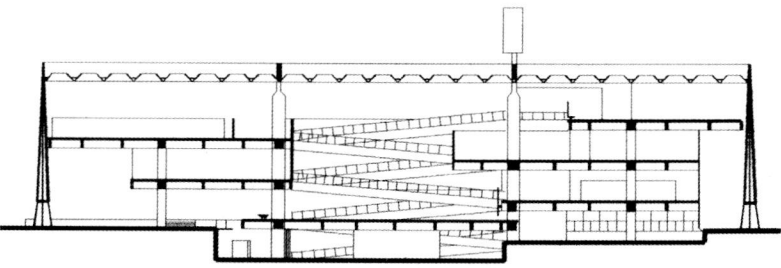

Planta do pavimento térreo.

Corte transversal.

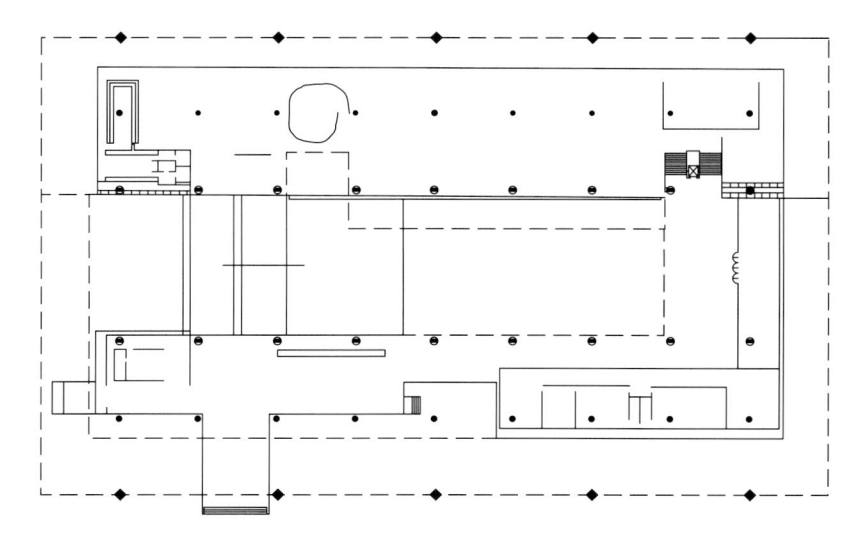

Clube da Aeronáutica

Fernando Abreu e **May Gruzman** (arquitetura); **Alfredo Simões** (estrutura); Rio de Janeiro, 1973

Este edifício está localizado no Rio de Janeiro, próximo ao edifício do Ministério da Educação e Saúde e também do Aeroporto Santos Dumont.

O projeto arquitetônico foi assinado pelos arquitetos Fernando Abreu e May Gruzman e a estrutura ficou a cargo do engenheiro Alfredo Simões. A empresa SERVENCO — Serviços de Engenharia Continental S.A. se responsabilizou pela construção.

O edifício apresenta 35 pavimentos, cinco pavimentos de garagem, um subsolo, um pavimento térreo e um pavimento de sobreloja. Na parte superior há um restaurante giratório, muito freqüentado por turistas. Com 140 metros de altura e 45 lajes, o edifício ocupa uma área de 1310 m² nas esquinas das ruas Santa Luzia, Calógeras e Graça Aranha, na zona comercial sul da cidade.

Convém observar aqui a rigorosa simetria das formas do pavimento tipo, cuja geometria traçada a compasso revela aquilo que deveria se tornar um dos objetivos principais do trabalho realizado pelos arquitetos e engenheiros: a integração perfeita da arquitetura com a estrutura.

O edifício possui a forma de um grande cilindro, de 30,56 metros de diâmetro, com 20 pilares em forma de U (com 128 x 60 centímetros) e um núcleo com uma estrutura complexa de oito pilares em forma de Y.

Os 20 pilares periféricos são ligados ao núcleo por vigas de largura variável e 50 centímetros de altura, engastadas nos pilares periféricos e rotuladas nos pilares do núcleo.

Quando o cálculo foi feito, em 1973, o uso de computadores ainda estava no início. Foi utilizado o computador Burroughs 3500, resultando 98 nós e 129 barras, o que já era fantástico para a época. O problema exigiu a solução de um sistema linear com 112 incógnitas que o computador levou 12 horas para processar.

A fundação foi projetada em tubulões pneumáticos contraventados ao nível do subsolo. Os tubulões recebem a carga máxima de 20 mil kN, e com diâmetro alargado da base de 4,15 metros transferem para o solo a tensão de 1,48 MPa. Por motivos arquitetônicos, apenas 12 dos 20 pilares periféricos puderam descer até o subsolo. Foi necessário alterar os eixos dos pilares através de uma viga de transição em forma de anel de 80 x 360 centímetros, que funciona como fundação para os oito pilares que nascem sobre ela. Resultaram enormes esforços de flexão e torção.

Na execução da estrutura foi previsto concreto com 18 MPa.

Sob ação dos esforços solicitantes (Força normal = 52.600 kN – Momento de vento na base = 55 mil kN.m) foi estimada a flecha de 12 centímetros no topo (H / 1140).

Os pilares em Y do núcleo central recebiam a carga de 16.500 kN, tendo por causa disso paredes de 30 centímetros e armadura de aço CA-50 de 72 ø 22 milímetros, resultando a taxa de armadura de 1,7%. Os pilares periféricos foram dimensionados com a força normal de 6.500 kN e momentos fletores de 300 kN.m. Resultou a armadura de 32 ø 22 milímetros, que corresponde à taxa de 1,9%. As vigas radiais exigiram armaduras para momentos negativos de engastamento de 320 kN.m e momentos positivos de 222 kN.m, resultando altura de 50 centímetros e largura variável de 32 a 50 centímetros. A máxima flecha no vão foi de 28 milímetros, tendo sido prevista uma contraflecha de 20 milímetros.

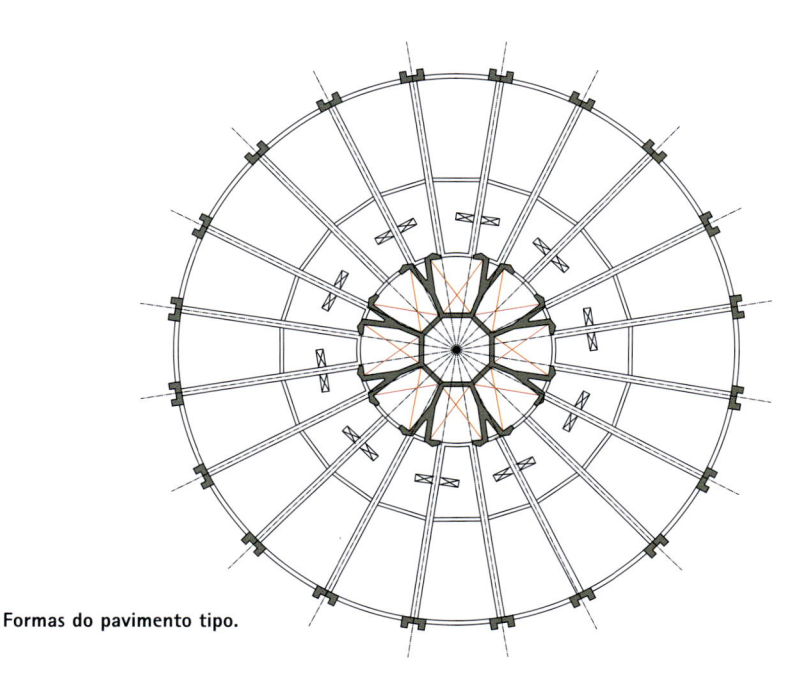

Formas do pavimento tipo.

Edifício do Banco Central do Brasil

Hélio Ferreira Pinto (arquitetura); **Sérgio Vieira da Silva Engenharia Civil Ltda.** (estrutura); Brasília, 1975

O edifício para a administração do Banco Central do Brasil, em Brasília, é uma construção muito ousada, concluída em 1975.

O projeto, selecionado em concurso, explora o conceito *open space*, o que favorece significativamente a flexibilização do *layout*, conceito esse freqüentemente adotado em programas de edifícios comerciais.

O interessante é que o arquiteto conseguiu realizar uma verdadeira proeza, relacionando a solução em planta com a cruz estilizada presente na logomarca do Banco, de autoria do artista plástico Aloísio Magalhães.

A solução estrutural do edifício é totalmente coerente com o partido arquitetônico: possui seis subsolos e 22 pavimentos superiores com a forma de cruz, cujos braços são balanços de 12 metros. A estrutura é suportada apenas por quatro pilares, localizados nas reentrâncias dos pavimentos. Internamente a esses quatro pilares estão as quatro prumadas de elevadores, não existindo outros pilares em toda a projeção da torre. A cruz é inscrita num retângulo de 54 x 54,2 metros.

Cada um dos quatro pilares da estrutura recebe nas fundações a carga de 27 mil tf. O consumo de concreto em toda a estrutura foi de 102 mil m³, com a resistência característica de 30 MPa. Por causa dos balanços, a parte central do pavimento não é submetida a momentos positivos. Por isso, todas as barras de armadura se localizam na parte superior da laje. As barras inferiores só têm função construtiva.

Os pisos dos subsolos se expandem além da projeção da torre, com novos pilares. Cada um desses pavimentos subterrâneos ocupa uma área de 12 mil m² e suporta uma sobrecarga variável até 2,00 kN/m², dependendo do uso do recinto.

O projeto das fundações foi elaborado pela firma especializada CONSULTRIX — Consultores Associados Ltda. Em cada um dos quatro enormes pilares foram utilizados 20 tubulões a céu aberto, para 1500 tf cada um. Na base desses tubulões a pressão no solo foi de 1,4 MPa. No topo dos 20 tubulões foi executado um grande bloco de 15 x 20 x 4 metros, com o consumo de 1200 m³ de concreto. Foi tomado especial cuidado na cura do concreto por causa do grande calor de hidratação e da conseqüente retração térmica. Para isso foi contratada a firma L. A. Falcão Bauer — Centro Tecnológico de Controle da Qualidade (Controle de Concreto), que acompanhou toda a operação de lançamento e cura. É conveniente lembrar aqui que a temperatura em Brasília é normalmente muita elevada, chegando até 35 ºC.

Outro fato importante durante a construção foi a necessidade de escorar os balanços por meio de uma enorme estrutura de tubos de aço. A laje do primeiro pavimento, com seus grandes balanços, precisou ser escorada por meio de uma estrutura de aço de 40 metros de altura, como se pode ver na foto ao lado, suportada no nível do sexto subsolo.

Os quatro enormes pilares foram executados com formas metálicas trepantes, por causa dos detalhes arquitetônicos especificados. Esses pilares são ocos e os dutos que encerram escadas e elevadores ficam embutidos em seu interior. Isso impediu o uso de formas deslizantes.

O projeto dos pilares foi complicado pelo fato de suas paredes internas receberem a maior parte da carga, ao passo que as outras duas paredes não recebem nenhuma carga direta. Por outro lado, essas últimas paredes recebem diretamente o calor do sol e sofrem significante dilatação. A aresta entre quaisquer das duas paredes tinha de transferir uma carga enorme, de maneira a possibilitar que a seção inteira conseguisse trabalhar como um elemento único.

O mais notável do projeto é o cálculo dos pavimentos superiores. Cada balanço é formado por cinco nervuras invertidas de 110 centímetros de altura. Esses balanços são suportados por duas vigas entre os pilares. A distribuição das cargas pelas cinco nervuras não é uniforme. Levando em consideração a deformação das vigas de apoio, resulta que a nervura menos carregada é a central, e a carga em cada nervura aumenta com seu afastamento do centro — as nervuras extremas recebem as maiores cargas, que alcançam o valor de 2,5 vezes a da nervura central.

A torção que apareceria na viga suporte é transformada num binário, forçando a viga externa para baixo e a viga interna para cima.

A parte superior da laje em balanço é fechada por placas pré-moldadas, que cruzam as três nervuras internas. Foi dada especial atenção ao graute de junção, de tal modo que a face superior das placas pré-moldadas ficasse em nível perfeito.

A parte central do pavimento é uma laje maciça de 40 centímetros. O cálculo dessa laje foi feito pelo método dos elementos finitos (FEM), com elementos quadrados de 100 x 100 centímetros. A flecha obtida no centro foi para cima, o que resultou sempre em momentos negativos.

No início pensou-se em ligar as extremidades dos balanços por tirantes para minimizar as diferenças de flechas. Para surpresa geral, depois de um ano, o comportamento da estrutura ultrapassou as expectativas. No pior caso, a diferença de flechas na extremidade dos balanços foi de 2,1 centímetros, e isso permitiu abandonar a idéia dos tirantes. Os painéis de vidro das fachadas foram instalados com juntas telescópicas com folgas de 3 centímetros, tendo mostrado um desempenho perfeito.

A sobrecarga adotada em cada pavimento foi de 4,00 kN/m².

Vista do enorme escoramento do primeiro pavimento com estrutura tubular.

Edifícios Públicos

Biblioteca Municipal Mário de Andrade

Edifício do Ministério da Educação e Saúde

Pavilhão L. N. Garcez – Parque do Ibirapuera

Museu de Arte Moderna

Pavilhão de São Cristóvão

Museu de Arte de São Paulo – MASP

Palácio das Convenções do Parque Anhembi

Quartéis-Generais do II Exército

Museu Brasileiro da Escultura – MuBE

Museu de Arte Contemporânea – MAC

Biblioteca Municipal Mário de Andrade

Jacques Émile Paul Pilon (arquitetura); São Paulo, 1935

A Biblioteca Municipal Mário de Andrade foi projetada pelo arquiteto Jacques Émile Paul Pilon, formado pela Escola de Belas-Artes de Paris. Imigrante — aqui desembarcou em 1933 —, foi o responsável pelo projeto de vários edifícios importantes no cenário da arquitetura paulistana ao longo das décadas de 1930, 1940 e 1950.

O conjunto da obra, formado por uma torre de 24 pavimentos ao lado de um bloco baixo, ocupa posição estratégica na região central da cidade de São Paulo e é cercado pelos jardins da praça Dom José Gaspar.

A Biblioteca reúne em seu acervo obras de referência, periódicos e mapas, além da memória cultural da cidade, totalizando mais de três milhões de itens à disposição do público.

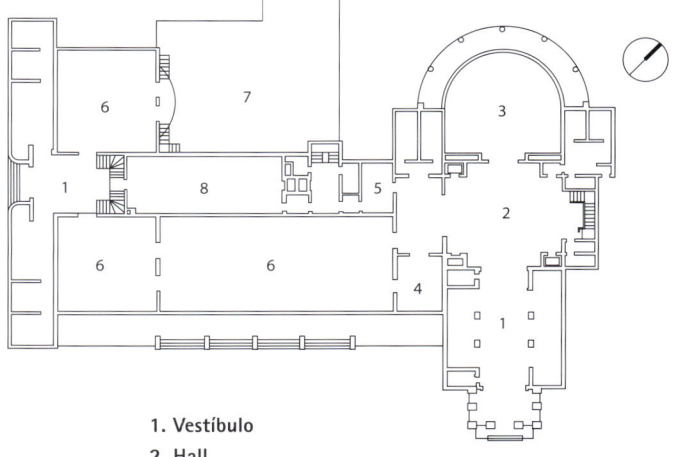

1. Vestíbulo
2. Hall
3. Jornais e revistas
4. Catálogos
5. Distribuição de livros
6. Leitura
7. Terraço
8. Arquivo

Edifício do Ministério da Educação e Saúde

Lucio Costa, Oscar Niemeyer, Carlos Leão, Jorge Moreira,
Affonso Eduardo Reidy e Ernani Vasconcellos (arquitetura); Le Corbusier (consultoria);
Emílio Baumgart (estrutura); Rio de Janeiro, 1936

Em dezembro de 1930, pouco depois da revolução que acabou por levar o ditador Getúlio Vargas à Presidência da República, foi criado o Ministério da Educação e Saúde (MES). Passaram-se quatro anos até Gustavo Capanema — o quarto ministro desse Ministério — ter a idéia de construir sua sede própria. Esta obra é uma das pioneiras do movimento modernista no Brasil.

Até que ela se concretizasse decorreram mais de 15 anos. Somente em 3 de outubro de 1945 é que a obra foi inaugurada, junto com uma série de eventos comemorativos pelo término da Segunda Guerra Mundial.

Em abril de 1935, a prefeitura do Rio de Janeiro — capital do Brasil naquela época — conseguiu uma área vaga no centro da cidade, num lugar chamado "Esplanada do Castelo". Existia ali uma colina denominada Monte do Castelo, que havia sido recentemente demolida. Essa era a área perfeita para instalar o Ministério.

A primeira medida tomada pelo ministro foi convocar os participantes para uma concorrência aberta de projeto arquitetônico. O júri, formado por eminentes profissionais e também pelo próprio ministro Gustavo Capanema, desclassificou 31 participantes que não estavam habilitados, segundo as regras da concorrência. Sobraram apenas três participantes, cujos nomes estavam codificados para evitar proteção ou preferências particulares:

- Arquimedes Memória, com o projeto *Alfa*
- Gerson Pompeu Pinheiro, com o projeto *Minerva*
- Rafael Galvão & Mário Fertini, com o projeto *Pax*

Aos três escolhidos foram concedidos 45 dias para o desenvolvimento do projeto até o julgamento final. O primeiro dos três projetos acima foi o escolhido pelo júri, depois de muitos protestos publicados na revista PDF — Prefeitura do Distrito Federal. Foi uma decisão impressionante: o pagamento dos prêmios e a posterior contratação de Lucio Costa (um dos participantes destituídos) para coordenar um grupo de trabalho — e tendo em vista a elaboração de um novo projeto!

O primeiro passo de Lucio Costa foi convencer Capanema a persuadir o presidente Vargas a convidar o já famoso arquiteto franco-suíço Le Corbusier para vir ao Brasil com a função de dar sua opinião e sugestões sobre o novo projeto, e colaborar com os planos da Cidade Universitária.

Como se pode adivinhar, o edifício que representa a arquitetura moderna do Brasil causou muitas controvérsias e uma diversidade enorme de opiniões e ciúmes! Surgiu então a cronologia efetiva dos acontecimentos, que só ficou conhecida depois da morte de Capanema. Ele percebeu o tumulto que causaria na imprensa e na opinião pública a intenção de contratar Lúcio Costa para coordenar o novo projeto antes mesmo da decisão final do júri.

A participação de Le Corbusier constituiu uma longa história. Ele pensava que, para cumprir o programa, a área disponível não era apropriada. Por isso, num pequeno avião, sobrevoou a cidade a fim de achar um local mais adequado para o edifício. Escolheu então uma área ao sopé do Pão de Açúcar, num local chamado Praia Vermelha, onde hoje está o Instituto Militar de Engenharia. Ele não imaginou as dificuldades de mudar oficialmente os direitos de uso da nova área. No final, depois de muita relutância, Le Corbusier foi forçado a manter o primeiro projeto. Ele pensava que, com o futuro progresso da cidade e com as outras construções em torno do edifício, o projeto ficaria totalmente descaracterizado. Voltou para a Europa sem o ver terminado. Posteriormente, ao receber as cópias, deu a sua aprovação. O projeto final foi feito pelo grupo brasileiro formado pelos arquitetos Lucio Costa (coordenador), Carlos Leão, Affonso Reidy, Jorge Moreira, Ernani Vasconcellos e Oscar Niemeyer.

Oscar Niemeyer ainda era um jovem arquiteto, dotado de grande talento mas sem muita experiência, destinado a ser um grande profissional da arquitetura moderna brasileira. Ele foi bastante influenciado pelas idéias de Le Corbusier, que teve a oportunidade de aplicar pela primeira vez em um grande projeto os cinco princípios fundamentais da arquitetura moderna, inicialmente expostos em seu famoso livro *Vers une architecture*:

- os pilotis, ou "a recuperação da área livre do térreo";
- a estrutura independente (solução estrutural influenciando o projeto);
- o pavimento plano (solução estrutural levando à divisão do espaço);
- o "terraço-jardim" (recuperação do pavimento de cobertura);
- a janela em fita.

Foi também a primeira vez que Le Corbusier usou os *brise-soleil* ajustáveis, diferentes dos fixos, usados em 1933 nos seus projetos em Argel. Le Corbusier influenciou o projeto brasileiro tão intensamente que declarou ser ele uma cópia modificada dos seus esboços iniciais. Na verdade isso não é totalmente correto, não obstante sua considerável influência, não somente nesse projeto específico como também em muitos outros dessa data em diante.

A concorrência para a construção do edifício foi aberta em 15 de março de 1937. Foram apresentadas propostas de pelo menos 10 empresas construtoras. Na escolha foi levado em conta o preço e também o prazo de construção. O vencedor assumiu o compromisso de entregar a obra pronta em 110 dias e com o preço abaixo do custo estimado de 2.376 contos de réis. Um mês depois, o ministro Capanema foi informado de que a importância autorizada pelo Tribunal de Contas não havia sido liberada. Ele então solicitou ao presidente o cancelamento da concorrência e a concessão ao Serviço de Construções do Ministério, incumbido da tarefa de executar a obra. Assim foi feito e o Serviço Público ficou em atividade até 1942, durante os tempos difíceis da Segunda Guerra Mundial. Em março de 1942, os serviços passaram a ser controlados pelo DASP — Departamento Administrativo de Serviços Públicos, até a inauguração do edifício em 3 de outubro de 1945, depois de três mil dias, em vez dos 110 previstos! A imprensa, durante a construção, criticou ironicamente os episódios mais importantes, menosprezando a "obra interminável" com comentários maliciosos: "A construção nunca será terminada pois o pessoal contratado não está disposto a perder o emprego..."

É natural que, com um tempo de construção tão longo, o projeto tenha sofrido várias alterações, não somente nos acabamentos mas também na própria estrutura. Felizmente o projeto estrutural foi entregue a um competente profissional brasileiro: Emílio Baumgart, o mesmo projetista do edifício do jornal *A Noite*. Com enfoques elegantes, ele havia resolvido habilmente todas as modificações. A primeira modificação surgiu no início de 1937, quando Capanema decidiu mudar a altura das colunas do primeiro pavimento, de 4,25 metros para 4,9 metros. A segunda modificação surgiu em novembro do mesmo ano, com um aumento do número de pavimentos, de 12 para 15. Baumgart aplicou sua fantástica criatividade para resolver todos os problemas colaterais. A terceira modificação ocorreu somente no começo de 1945, quando se decidiu alongar o Salão de Exposições, tendo como conseqüência o fechamento da rua Pedro Lessa.

O edifício do Ministério da Educação e Saúde foi um dos mais comentados na arquitetura moderna em todo o mundo. Seu sucesso foi muito expressivo, tanto na New York Museum of Modern Art Exposition, de 1943, com fotografias de Kidder-Smith, como pelo livro do arquiteto americano Philip Goodwin, organizador da exposição.

As inovações introduzidas por Emílio Baumgart no cálculo estrutural estavam relacionadas com os pilotis, com a falta de contraventamentos, com a pequena espessura imposta para o pavimento, com a concepção de contraventamentos com a parede cega solidária com as lajes diafragma.

Ele aceitou a tarefa de fazer o cálculo estrutural sem alterar as idéias arquitetônicas de Le Corbusier. A primeira dificuldade foi contraventar o edifício inteiro com pilotis. A ausência de paredes transversais nos pavimentos não permitia o uso de paredes com enrijecimento. Baumgart considerou apenas a ação das paredes extremas nas fachadas menores, como garantia de rigidez do edifício inteiro. A segunda dificuldade foi a espessura das lajes, que não podiam ser concebidas como lajes lisas normais com capitéis, porque era necessário manter o teto liso. Baumgart então imaginou os capitéis como aumentos de espessura das lajes para cima, usando o enchimento das lajes como espaço para os dutos de água e de eletricidade. Em vez de usar ar condicionado, ele previu a ventilação proporcionada pelos *brise-soleil* nas fachadas mais quentes, com a vantagem de ter um teto liso. Para diminuir as cargas depois da decisão de aumentar mais três pavimentos, ele escolheu o uso de cortiça no enchimento das lajes. Isso também contribuiu acusticamente, com função de absorção de som.

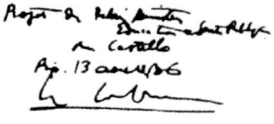

Esboço preparado por Le Corbusier em 13 de agosto de 1936 para o lugar verdadeiro da construção.

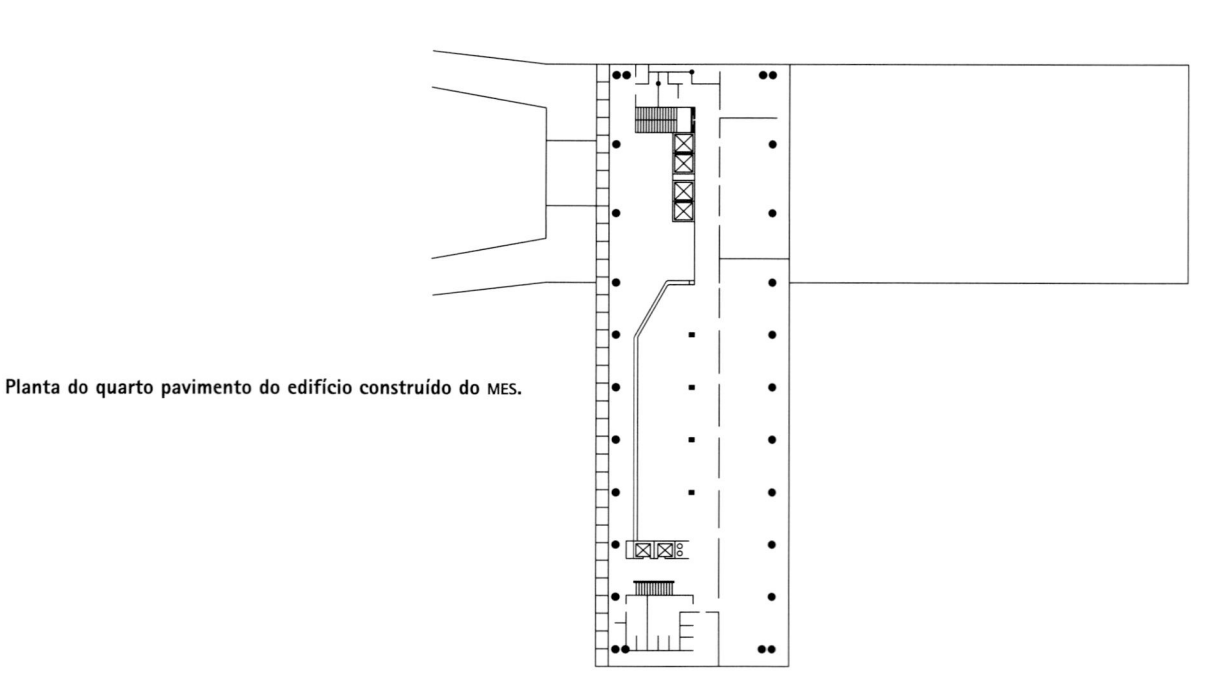

Planta do quarto pavimento do edifício construído do MES.

Pavilhão L. N. Garcez – Parque do Ibirapuera

Oscar Niemeyer, Zenon Lotufo, Hélio Uchôa e Eduardo Kneese de Mello (arquitetura); **Escritório Técnico Figueiredo Ferraz** (estrutura); São Paulo, 1951

Inaugurado em 1955 como Palácio das Artes — e hoje conhecido como OCA —, abrigou o Museu do Folclore e da Aeronáutica, tendo sido recentemente reformado. Continua sendo um dos pavilhões de exposição mais importantes e concorridos da cidade de São Paulo.

Obra importante do Parque do Ibirapuera, o pavilhão é uma cúpula de concreto armado com subsolo e três níveis unidos por rampas, com plantas diferentes que tocam apenas a superfície convexa, contando com fundações e estrutura independentes.

A iluminação é feita através de aberturas circulares em sua base com vidro fixo, o que acarreta a necessidade de instalações de ar condicionado.

Foge ao padrão convencional dos blocos prismáticos que compõem a maioria das construções existentes, e hoje, isolada em meio ao verde do Parque do Ibirapuera, destaca-se pelas suas grandes dimensões: são mais de 70 metros de diâmetro vencidos por uma casca com 10 centímetros de espessura!

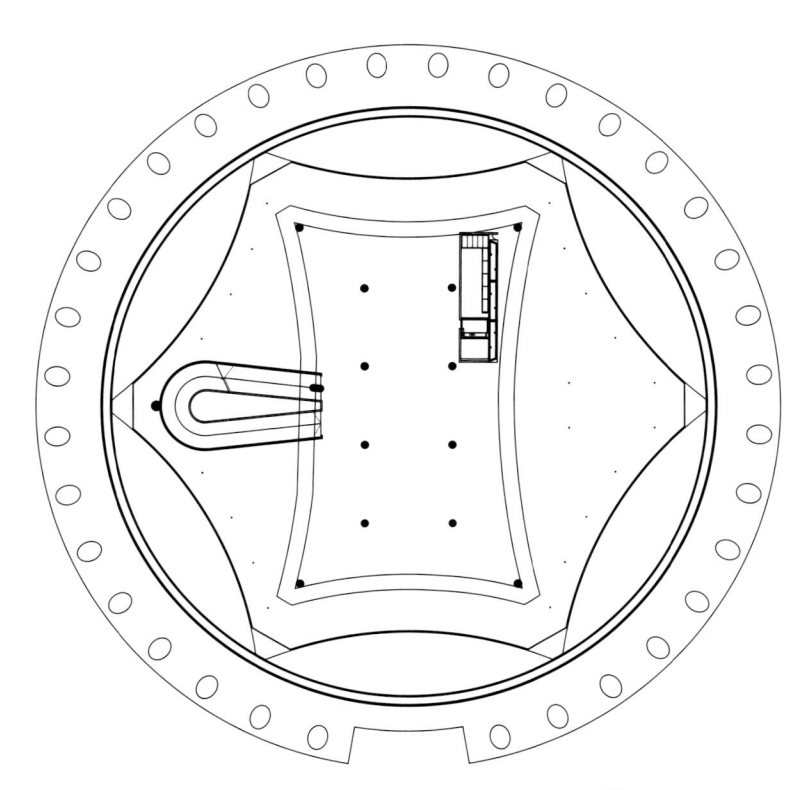

Planta.

Museu de Arte Moderna

Affonso Eduardo Reidy (arquitetura); **Escritório Emílio Baumgart (Engo Arthur Eugênio Jerman)** (estrutura); Rio de Janeiro, 1953

Todo o museu foi pensado segundo uma concepção estrutural de desenho esmerado, extremamente avançada para a época. Forma ao mesmo tempo um conjunto volumetricamente leve e equilibrado, harmonizando-se totalmente com a paisagem, como que pousado à beira da baía de Guanabara.

Vale a pena observar a total liberdade de espaço obtida na galeria de exposições, com mais de 3 mil m² de área, livre da interferência de pilares.

A obra conta ainda com jardins desenhados por Burle Marx e é considerado um dos exemplos mais importantes e representativos da arquitetura moderna brasileira.

O museu constitui-se de um bloco trapezoidal formado por pórticos espaciais dispostos transversal e paralelamente, apoiando em sua base o piso do primeiro pavimento como uma mão-francesa, permitindo dessa forma que o pavimento térreo permaneça livre e desimpedido. As lajes intermediárias são atirantadas às vigas transversais dos pórticos, travados longitudinalmente por vigas contínuas paralelas.

Pavilhão de São Cristóvão

Sergio Bernardes (arquitetura); **Paulo Rodrigues Fragoso** (estrutura); Rio de Janeiro, 1957

Inicialmente, a obra de Sergio Bernardes serviu para abrigar a Exposição Internacional da Indústria e Comércio no Rio de Janeiro, mas, antes mesmo da construção do Pavilhão, já funcionava no local a Feira dos Nordestinos, e, desde 2003, quando o edifício foi reformado, passou a ser chamado de Centro Luiz Gonzaga de Tradições Nordestinas. Apesar de o uso do edifício se modificar, a obra permanece com as mesmas características, possuindo amplo espaço para exposições e eventos culturais.

A planta elíptica da Pavilhão possui 250 metros de comprimento e 150 metros de largura, com 28 mil m² de área coberta. Bernardes conseguiu bater o recorde mundial de superfície coberta, livre de todo e qualquer apoio. Para ser possível o término da obra sem a utilização de apoios intermediários, foi necessário o uso de tensores de aço, compondo uma superfície parabólica recoberta por chapas metálicas.

A solução alcançada pelo arquiteto inspirou-se no modelo norte-americano de Novicki, Severud e Derick, na Carolina do Norte, pois possui quase o mesmo sistema de cobertura suspensa, presa num grande anel de concreto, porém o arquiteto brasileiro inverteu o movimento da superfície da cobertura, dispondo as partes baixas de sua estrutura nas extremidades da elipse.

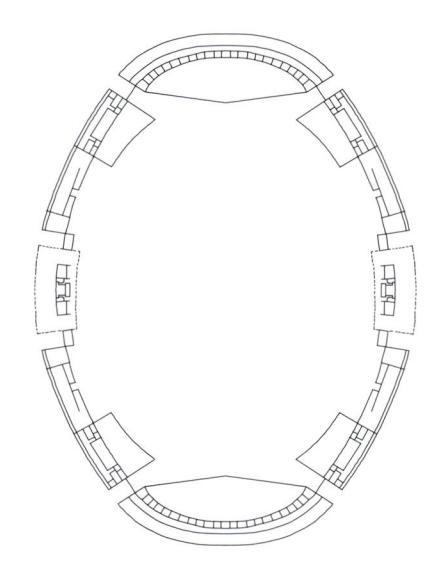

Planta do pavimento térreo.

Museu de Arte de São Paulo – MASP

Lina Bo Bardi (arquitetura); **Escritório Técnico Figueiredo Ferraz** (estrutura); São Paulo, 1957

A construção do Museu de Arte de São Paulo — MASP foi marcada por uma série de acontecimentos que exigiram muita habilidade política para a sua realização.

A idéia vinha de longe. Já em 1951 existia um projeto para a realização da obra na orla marítima, tendo sido escolhida a cidade de São Vicente por razões históricas. A obra nem foi iniciada. Em 1957, contratou-se a arquiteta Lina Bo Bardi para fazer um estudo para o local, sobre os túneis da avenida Nove de Julho. As obras foram iniciadas em 1960 e por várias vezes interrompidas.

Finalmente a construção foi contratada com a Sociedade Construtora Heleno & Fonseca S.A., sendo tocada pelos engenheiros Aloysio D'Andréa Pinto e Roberto Rochlitz (fiscal do museu). Heleno & Fonseca já tinham adjudicado o cálculo estrutural ao Escritório Feitosa & Cruz, mas por uma imposição vinda de cima foram obrigados a rescindir o contrato com aquela firma e passar o serviço para o Escritório Técnico Figueiredo Ferraz, que desenvolveu o cálculo até o fim, aplicando na viga protendida principal o processo de protensão do Professor Figueiredo Ferraz.

Pelas diversas seções longitudinais e transversais, pode-se compreender que a estrutura é relativamente simples, sendo constituída por duas enormes vigas de 70 metros de vão, suspensas na cobertura em outras duas vigas, também protendidas. As vigas possuem seção caixão com 3,5 metros de altura e são articuladas nas extremidades, formando pórtico com os pilares. Apenas os quatro pilones ocos e as vigas da cobertura são visíveis. O grande vão mantém livres as visuais sobre o vale.

As duas vigas do piso são ocas, com 2,5 x 3,5 metros e possuem 100 MN de força de protensão, distribuída em 122 cabos de 40 fios de ø 5 milímetros. As reações de apoio de tais vigas atingem o valor de 12 MN. A laje do piso inferior é atirantada à estrutura do piso superior, resistindo a um momento fletor máximo de 200 MN.m no meio do vão.

Somente o efeito de retração de uma viga dessas, com 70 metros, atingiria o encurtamento de 18 milímetros. Acrescentando-se o efeito da diminuição de temperatura desde o instante do endurecimento do concreto até uma noite fria futura com 10 °C, o encurtamento térmico adicional seria pelo menos de 15 milímetros, resultando o total de 33 milímetros. Lembrando que a viga trabalha em vazio com uma pré-compressão de 5 MPa e com efeito da fluência do concreto, chega-se ao encurtamento de 40 milímetros. Pode-se imaginar o desastre que seria projetar uma estrutura que não pudesse aceitar tais deslocamentos. Por causa disso foi imaginado, com muita sensatez, executar apoios móveis que permitissem, sem esforços adicionais no pórtico, deslocamentos dessa ordem de grandeza.

Durante a protensão, com a finalidade de reduzir o mais possível qualquer atrito que impossibilitasse os deslocamentos, foi dada uma pressão suficiente de óleo entre o núcleo do aparelho de apoio de neoprene e a viga, liberando-a para possíveis deslocamentos durante a execução.

A estrutura foi executada com concreto de resistência 45 MPa, não usual naquela época. Para isso usou-se concreto com relação água/cimento de 0,32 com aditivos que possibilitassem sua vibração, e com consumo de cimento de 565 kg/m^3. Esse resultado foi alcançado em 7 dias, resultando a resistência média aos 28 dias de 56 MPa e coeficiente de variação de 10%. Esses são considerados resultados excelentes.

Palácio das Convenções do Parque Anhembi

Miguel Juliano e Silva e **Jorge Wilheim** (arquitetura); **Júlio Kassoy & Mário Franco** (estrutura); São Paulo, 1959

O edifício de congressos do Parque Anhembi faz parte de um conjunto de obras situadas em área de 500 mil m² às margens do rio Tietê, em São Paulo. As três principais edificações deste conjunto são:

- um enorme pavilhão de exposições ocupando uma área de 80 mil m², destinado a feiras da indústria nacional, com cobertura em forma de treliça metálica espacial e apoiada em pilares discretos de estrutura tubular;
- um hotel Holliday Inn, só terminado recentemente, com quase 460 quartos e diversas instalações, ocupando uma área de 25 mil m²;
- o Palácio das Convenções, para 3500 pessoas, ocupando uma área de 19 mil m².

Os espaços verdes, indispensáveis para uma obra dessas proporções, foram objeto de um estudo minucioso do grande paisagista Roberto Burle Marx.

A estrutura do Palácio das Convenções, que vence uma área circular de 65 metros de diâmetro, só poderia ser projetada por profissionais de grande vivência em concreto armado e protendido, capazes de tornar realidade o que os arquitetos idealizaram. Esses profissionais foram o Prof. Mário Franco, seu sócio Júlio Kassoy e toda a sua equipe de longa data.

Para esta obra foi imaginada uma estrutura plissada formada por uma laje poliédrica de 10 centímetros de espessura. Cada par de lajes da cobertura plissada se reúne sobre um apoio inclinado, resultando 28 apoios separados de 7,17 metros que descarregam 500 kN cada um sobre um anel protendido de 120 x 60 centímetros. Esse anel absorve todo o empuxo dos 28 semi-arcos, e para isso possui uma armadura protendida de apenas seis cabos Freyssinet de 12 fios de 7 milímetros, que aplicam ao anel a protensão de 2400 kN. Um cálculo grosseiro, apenas para dar idéia dos valores intervenientes, pode ser feito com a fórmula dos tubos submetidos à pressão interna de 500/7,17 = 70 kN/m; para o raio de 32,60 metros a tração no anel vale 70 x 32,6 = 2280 kN. Sendo a protensão inicial de 2680 kN (cerca de 10% de acréscimo), pode-se contar com uma perda por fluência e retração do concreto de 15%, resultando o valor útil final de 2280 kN de que se necessita. Estes são os cálculos que o projetista deve ter feito em suas avaliações preliminares para verificar a viabilidade do projeto.

O valor de 500 kN em cada apoio (ou 70 kN/m) também pode ter sido avaliado antes do cálculo correto, admitindo um arco triarticulado de 65 metros de vão e 11 metros de flecha, submetido à carga de peso próprio do concreto de 2,50 kN/m² (para espessura adotada de 10 centímetros), e mais 0,50 kN/m² de outras cargas. Resulta então o empuxo de 70 kN/m.

Internamente foi prevista uma estrutura independente para os espectadores e para os aparelhos de projeção e tradução simultânea. Essa estrutura foi executada depois de terminado o descimbramento da cobertura, em condições favoráveis de sombreamento, tendo sido deixada pronta a fundação com estacas Franki. Com essa estrutura, o público se distribui em dois pavimentos e a cabine de projeção quase encosta na cobertura. Dessa maneira foi possível abrigar naquela área os 3500 espectadores previstos.

A obra foi executada com concreto de resistência aos 28 dias de 24 MPa. Ainda não se avaliava naquela época a resistência característica como valor estatístico abaixo do valor médio. O valor característico deve ter sido da ordem de 20 MPa. Como armadura passiva foi usado o aço CA-50B e, na protensão, o aço CP 125/140, em fios lisos de ø 7 milímetros. Foi utilizado o processo de protensão Freyssinet com cabos de 12 fios paralelos e ancoragens Freyssinet de concreto. O consumo de aço em toda a estrutura foi de 80 kg/m³.

A ação do vento foi considerada com extremo cuidado. Junto com as cargas verticais resultaram tensões de tração na casca, variáveis de 0,6 a 0,9 MPa, perfeitamente compatíveis com a resistência do concreto (20/10 = 2 MPa de tração!).

Sob a ação da carga permanente isolada, a flecha máxima prevista foi de 5 milímetros num ponto intermediário. O anel superior, de compressão, sofreu um levantamento de 1 milímetro. Tais valores concordam com as medidas feitas por ocasião do descimbramento, com boa precisão.

As fundações foram feitas com estacas Franki de 35 centímetros de diâmetro, previstas para uma carga vertical de 55 tf. Na área, em planta, de 70 x 70 metros, foram aplicadas 302 estacas. A laje que cobre a área de 70 x 70 metros é formada por nervuras radiais de vãos variáveis até 17 metros, apoiando-se no anel circular de equilíbrio da cobertura. Feita a concretagem dessa laje e do anel, foram deixados os arranques para o apoio articulado da estrutura plissada, como se vê na foto da página seguinte.

Fatos curiosos aconteceram durante o descimbramento, em conseqüência da impossibilidade de soltar as escoras com perfeita simetria. O próprio Mário Franco assim descreve as ocorrências:

"O cimbramento havia sido projetado por especialista em estruturas de madeira, prevendo caixas de areia para uma desforma suave e controlada, de modo a evitar o aparecimento de esforços não previstos; no entanto, esse projeto não foi seguido e o escoramento foi feito da maneira convencional da época, com uma floresta de pontaletes. A desforma foi iniciada por uma turma de 300 operários, martelando e retirando as escoras sem qualquer plano. Os cálculos efetuados em computador, com a consultoria do Prof. Souza Lima, previam que o centro da casca deveria subir 15 milímetros. Contudo, devido ao processo não controlado da desforma, o centro começou a abaixar. Ouviam-se sinistros estalidos e apareceram fissuras no extradorso da obra. Os operários se recusaram a continuar. Telefonaram-me. Fui à obra e dei algumas diretrizes quanto à continuação da desforma e, para dar moral aos 300 trabalhadores, fiquei com eles sob a estrutura.

A ruidosa desforma recomeçou. As fissuras fecharam-se. O centro começou a subir e eu voltei ao escritório. À tarde telefonaram-me de novo para dizer que a desforma havia terminado e que o centro havia subido 15 milímetros!!!" (cf. PALLINI)

Quartéis-Generais do II Exército

Paulo de Mello Bastos, Leo Bonfim Jr. e **Oscar Arine** (arquitetura); **Gabriel Oliva Feitosa** (estrutura); São Paulo, 1965

Vencedor de Concurso Público Nacional para a construção da sede dos Quartéis-Generais do II Exército, este projeto foi também premiado na X Bienal de Arquitetura de São Paulo na categoria de Edifícios Públicos, em 1969; recebeu ainda o Diploma da I Bienal Latino Americana de Arquitetura do Colégio de Arquitetos do Peru, em 1970, e o 1º Prêmio Governador do Estado do XV Salão Paulista de Arte Moderna, em 1966.

O edifício, de perfil baixo e elegante, magistralmente implantado na esplanada do conjunto do Parque do Ibirapuera, ocupa um terreno triangular de 35 mil m², próximo à Assembléia Legislativa do Estado, ao Monumento às Bandeiras e ao Ginásio de Esportes.

O Muro Monumento, internamente ligado por passarela ao bloco principal, delimita uma praça comum a ambos, estabelecendo, de acordo com o autor do projeto, "o correto zoneamento de funções e conferindo ao todo a imponência necessária". A extensa área ocupada pelos Edifícios Institucionais, pelo Monumento às Bandeiras e pelo Parque do Ibirapuera define um grande espaço aberto, gerador de perspectivas visuais em ângulo de 360°.

Considerando tais premissas, a opção de partido não poderia ser diferente.

A horizontalidade do edifício destaca-se em meio aos volumes existentes, abrigando um programa funcional obrigatoriamente voltado para dentro de si mesmo, com o piso térreo rebaixado, o que remete a antigas soluções estratégicas adotadas no esforço de guerra (as populares trincheiras); o corpo superior é envolvido por

seteiras, capazes de conferir o adequado sombreamento às salas e identidade marcante ao edifício. As áreas internas abrem-se para um jardim pergolado; a laje de cobertura foi projetada vazada em sua parte central e nas bordas externas, permitindo a iluminação zenital do saguão central.

A obra foi executada pela Construtora Ribeiro Franco. O Muro Monumento e toda a estrutura da obra (pilares, lajes caixão perdido e vigamento das pérgolas) foram originalmente concebidos e posteriormente executados em concreto aparente com formas de tábua, assim como as vedações externas e os painéis das seteiras de pequena espessura. Apenas essas últimas foram fundidas sobre areia, de modo a diferenciar sua textura do restante da estrutura.

O partido estrutural, coerentemente integrado à organização do espaço que delimita alas longitudinais paralelas separadas por um vazio interno e unidas por galerias nas laterais do saguão, define pares de pilares localizados transversalmente sob cada ala e distribuídos ao longo do edifício, utilizando balanços de compensação para as lajes de piso.

A laje de cobertura, nervurada no sentido transversal, apóia-se sobre o mesmo conjunto de pilares e suas respectivas vigas, fechada sobre os espaços internos e aberta na área da pérgola.

Hoje o QG encontra-se isolado por um muro externo, como medida de segurança, permanecendo a vista do belo edifício parcialmente limitada.

Corte.

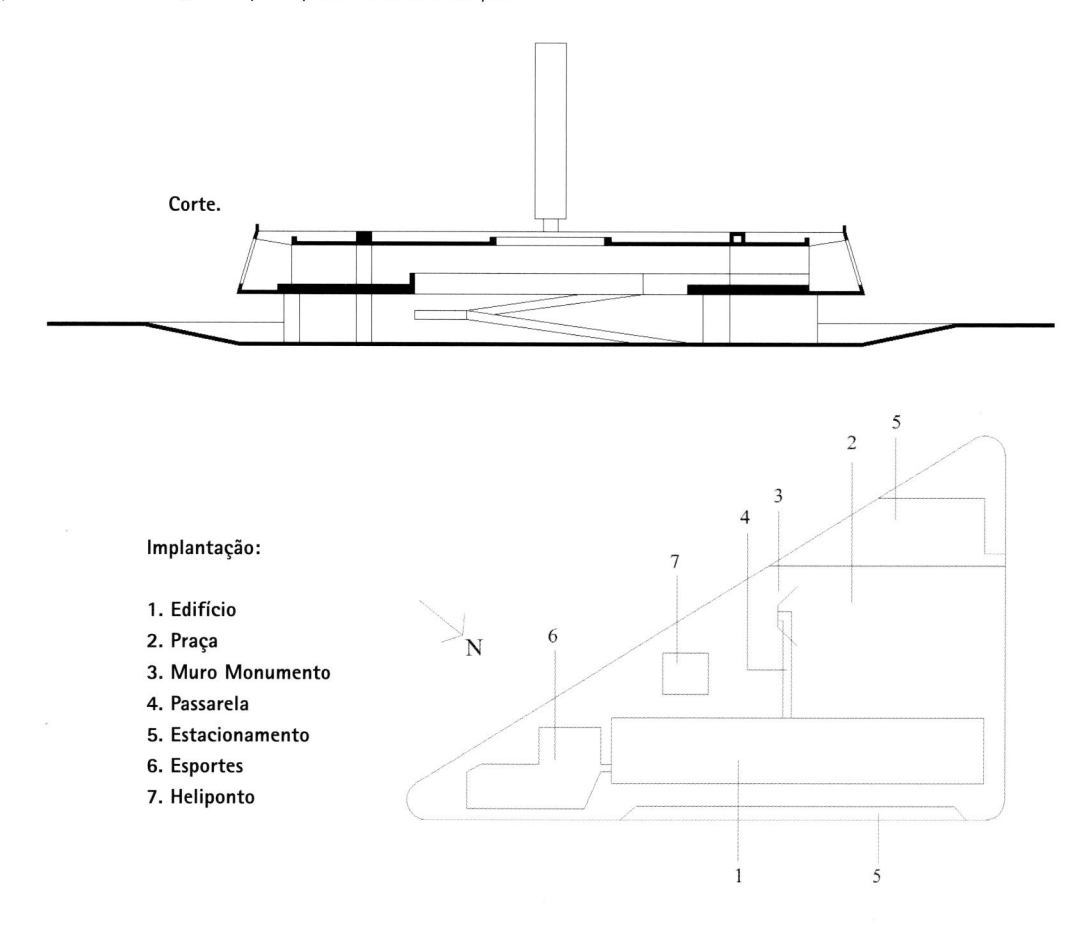

Implantação:

1. Edifício
2. Praça
3. Muro Monumento
4. Passarela
5. Estacionamento
6. Esportes
7. Heliponto

Museu Brasileiro da Escultura - MuBE

Paulo Mendes da Rocha (arquitetura); **Júlio Kassoy & Mário Franco** (estrutura); São Paulo, 1986

O MuBE é uma obra inteiramente subterrânea, construída em São Paulo nos anos 1990. Foi projetada e concebida em 1986 pelo arquiteto Paulo Mendes da Rocha com a finalidade de abrigar obras de arte de artistas nacionais e estrangeiros do ramo de esculturas.

O projeto estrutural, a alma de toda a construção, foi obra do Escritório Técnico Júlio Kassoy & Mário Franco, e a execução esteve a cargo da Construtora Método.

O museu está localizado na avenida Europa, esquina com a rua Alemanha. Como o terreno apresenta uma depressão, a obra não causa uma vista espetacular, pois se destaca apenas para quem pára e presta atenção a ela, sabendo da sua existência.

O MuBE é sinalizado e coroado por uma viga protendida com 2 metros de altura por 12,2 metros de largura, vencendo vão de 61 metros. O subsolo é coberto por lajes nervuradas protendidas, vencendo vão de 18 metros, apoiadas em cortinas de concreto armado.

A viga que identifica visualmente o MuBE tem seção transversal alveolar para melhor resistir à deformação. Por causa disso os cálculos previram uma contraflecha de 15 centímetros. Oscilações térmicas capazes de provocar movimentos horizontais determinaram a necessidade de utilização de quatro apoios fixos de um lado (com sistema de articulação Freyssinet), e, do outro, quatro aparelhos de apoio articulado móvel, adiante descritos.

O ingresso amplo afunila para uma rampa que dá acesso à sala de exposições propriamente dita, com iluminação zenital em um único ponto. No auditório as nervuras acompanham o traçado dos degraus, com a protensão acontecendo em vigas curvas.

O projeto estrutural evitou que flechas excessivas a desvirtualizassem, em face do grande vão único de 61 metros sem balanços. Para conseguir tal façanha foi necessário usar os recursos da protensão, levando em consideração as deformações ao longo do tempo capazes de transformar contraflechas iniciais em flechas positivas, somente com a ação do peso próprio do concreto, a carga predominante.

A obra foi concebida como um tubo de seção retangular, com altura livre interna de 1,69 metro. A seção transversal de 12 x 2 metros (dimensões da estrutura) é dividida em três células de 3,6 metros cada uma, sem comunicações internas. O acesso é feito pela parte inferior, onde existem aberturas de 3,2 metros x 1,5 metro.

Os septos são perfurados por aberturas octogonais de 1 x 1 metro, com chanfros, suficientes para a passagem de pessoas e materiais. Para a passagem ao longo do tubo, as pessoas precisam pular uma parede de 24 centímetros de altura. Nas extremidades, o fechamento se dá com paredes de concreto de 35 centímetros numa delas, e 1 metro na outra. Por que essa diferença?

Na execução das formas e cimbramento foram previstas contraflechas iniciais no meio do vão de 150 milímetros, para contrariar a flecha imediata de 50 milímetros logo após o descimbramento, e a flecha progressiva de 70 milímetros por efeito da fluência do concreto. A protensão foi aplicada quando o concreto já havia atingido a resistência de 80% da resistência especificada de 35 MPa. Para a data da execução (1988), tal resistência não era fácil de ser obtida no Brasil.

A viga caixão, com suas quatro vigas longitudinais, apóia-se em aparelhos de elastômero cintado com 20 x 52 centímetros nas duas vigas internas e com 20 x 26 centímetros nas duas vigas de borda. Esses aparelhos possuem espessura total de 50 milímetros, englobando cinco chapas metálicas de 2 milímetros de espessura cada uma. Houve um cuidado especial de especificar a dureza da borracha, mostrando um requinte de cálculo não comum na época: Dureza Shore 70. Deve-se lembrar aqui que a falta de especificação e controle da borracha aplicada conduziu a vários casos com problemas depois de 15 anos de uso, inclusive em pontes.

Os pilares de apoio são, na verdade, paredes ocas com 2 metros de espessura externa e largura da viga principal de 12 metros. Esses pilares possuem uma altura pequena de 2,9 metros, acima da face do bloco no lado mais baixo.

Museu de Arte Contemporânea - MAC

Oscar Niemeyer (arquitetura); **Bruno Contarini** (estrutura); Niterói, 1996

Esta obra — eleita uma das maravilhas do mundo moderno em um ensaio sobre arquitetura na revista americana *Condé Nast Traveller*, publicada pela maior editora de revistas especializadas dos Estados Unidos — é o cartão-postal de Niterói. As sete maravilhas escolhidas pela revista são:

Reichtag, Berlim; Hotel Burj Al Arab, Dubai; Naoshima Cultural Village, Japão; Estação de Metrô Magenta, Paris; Biblioteca Alexandrina, Alexandria; Torre de Controle do Aeroporto de Bilbao, Espanha e Museu de Arte Contemporânea, Niterói.

Oscar Niemeyer projetou e a prefeitura construiu o museu: sobre um único pilar central, um tronco de cone invertido repousa com tal naturalidade que faria enrubescer os edifícios vizinhos se isso fosse possível, diante da ousadia do maior nome da nossa arquitetura.

Não há como não associar a imagem a um disco voador pousado no Mirante da Boa Viagem, nivelando a expressão do museu com a exuberância da natureza que o circunda.

Uma fita de vidro escuro assinala a regularidade do perímetro, em contraste com a sinuosidade das rampas de acesso.

A obra do arquiteto Oscar Niemeyer contou com projeto estrutural do engenheiro Bruno Contarini. Tudo começou em 1991: de seu ateliê em Copacabana, Niemeyer telefonou às 10 horas da manhã para Contarini, que já havia feito diversos cálculos para ele. Pediu a Contarini que fosse até lá para discutirem sobre uma obra para a qual haviam sido solicitados os seus serviços. Essa discussão se prolongou até as 16 horas, sem interrupção para o almoço. Conversaram sobre as linhas gerais do projeto e o que seria possível executar em concreto protendido.

Contarini conta que Niemeyer telefonou a ele novamente às 8 horas da segunda-feira seguinte, pedindo-lhe para passar novamente em seu escritório. O projeto já estava praticamente definido, faltando apenas alguns detalhes. No livro lançado sobre o museu, no item "Explicação necessária", Niemeyer assim se expressou: "Às vezes um projeto custa a se definir. Outras vezes ele surge de repente, como se antes nele nos tivéssemos detido cuidadosamente. E isso aconteceu com este projeto".

Foi assim que, segundo a descrição de Bruno Contarini, começou o projeto de uma das mais bonitas obras de engenharia no mundo todo. Considerada um dos destaques da arquitetura moderna, a sua parte de engenharia também apresenta soluções de grande engenhosidade, baseada em muitos anos de experiência da engenharia brasileira.

O edifício tem a forma de uma taça apoiada em uma grande sapata, e conta com um anexo enterrado, com salões para o equipamento de apoio ao museu. O prédio principal com seis pavimentos consta do seguinte:

1. Subsolo: restaurante, bar, cozinha, auditório, dependências.
2. Térreo: grande espelho d'água e acesso ao prédio principal.
3. Primeiro pavimento: salas de administração e apoio.
4. Segundo pavimento: salão principal e varanda panorâmica de 360°.
5. Mezanino: área para apresentação de eventos.
6. Cobertura de toda a estrutura.

O solo onde foi construído o museu é constituído de alteração de rocha, tendo sido cortado anteriormente numa profundidade de 10 metros para formar uma praça plana. Para construir a sapata foi necessário retirar mais 7 metros de terra. Com o alívio obtido com a retirada de 17 metros de terra, a aplicação das cargas concentradas da nova obra não constituiu qualquer complicação, pois as novas tensões no solo ainda eram inferiores à tensão que existia inicialmente no solo não modificado. A armação da sapata é bastante pesada, como se pode ver na figura 1.

A cobertura possui 50 metros de diâmetro e é constituída por uma estrutura de lajes nervuradas, com nervuras se apoiando em vigas radiais ligeiramente abauladas. Toda a cobertura se apóia apenas em seis colunas redondas. O núcleo não alcança a cobertura e morre no segundo pavimento. As colunas só encontrarão apoio em enormes vigas protendidas, que funcionam como gigantescos consolos com efeito espacial, transferindo todas as cargas para o núcleo cilíndrico central. Suas bases fazem parte do que se vê por baixo de toda a construção, dando-lhe a forma artística tão apreciada.

O mezanino está dependurado na borda externa da cobertura, por intermédio de uma casca cônica voltada para cima. Sua borda

1. Aspecto da armação pronta da sapata, mostrando ainda a abertura deixada para permitir a concretagem do fundo.

superior, junto com uma dobra da cobertura, forma uma calha enorme, que recolhe toda a água que escorre da superfície da cobertura. O mezanino em si é outra laje nervurada, terminando nas seis colunas que recebem a cobertura. Abaixo do mezanino, na fachada, está a janela, existente em toda a volta da construção, sem qualquer interrupção e sem montantes. Tem-se a impressão de dois discos superpostos que não se tocam. A figura 2 descreve em corte a estrutura do mezanino.

Os dois pavimentos são a parte mais importante da obra. Ligados entre si por paredes estruturais com a altura dos pavimentos, de disposição radial, são engastadas no tubo central, que possui parede de 80 centímetros de espessura. Essas vigas-parede possuem enormes momentos negativos e são em número de seis, como os pilares. Elas não podem passar de um lado para o outro, como seria natural, por causa do buraco do elevador central. Por esse motivo os cabos de protensão se desviam, deixando livre o miolo e assumindo uma disposição em estrela. Nessa armação, os cabos são protendidos apenas pelas bordas no perímetro externo (figura 3). Trata-se de uma disposição muito engenhosa, que satisfaz bem às exigências arquitetônicas e estéticas.

Outra parte importante da obra são as rampas de acesso ao primeiro e segundo pavimentos. Em lugar de projetar planos inclinados, como seria o usual, Niemeyer preferiu criar rampas sinuosas com bifurcação para chegar ao primeiro pavimento e continuar até o segundo. A estrutura da rampa foi concebida em forma de caixão perdido com protensão, e a estrutura aparenta ser uma laje lisa. As rampas foram concebidas como engastadas na base e nas chegadas aos dois pavimentos. Ao longo da estrutura existem três pilares intermediários.

A planta do segundo pavimento (figura 4) é totalmente livre de colunas e com o buraco do elevador fechado. Sendo os elevadores acionados por baixo com o auxílio de parafusos, não houve necessidade de prever casa de máquinas superior.

A concepção da estrutura exigiu a participação conjunta do arquiteto e do projetista, que, com o auxílio de computador, foi desenvolvendo cálculos aproximados para definir algumas dimensões exeqüíveis, até chegar no que seria viável exigir. Definidas as dimensões principais, foi organizado um modelo matemático da estrutura, usando programas de elementos finitos e o programa SAP 90, com o qual se obtém uma análise completa da estrutura e determinação dos esforços principais e respectivas deformações. Também se procedeu a uma análise das vibrações, garantindo o desempenho em serviço e o conforto do usuário.

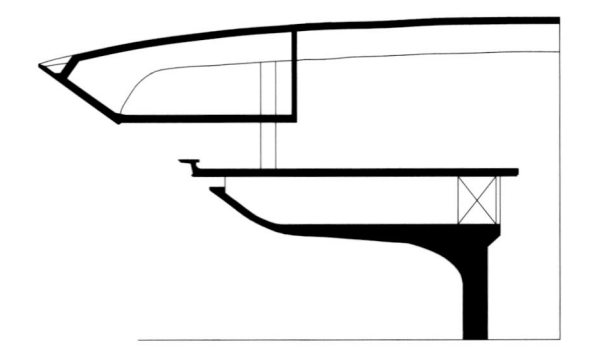

2. Estrutura do mezanino vista em corte. Termina internamente num hexágono vazio, de onde se vê o segundo pavimento.

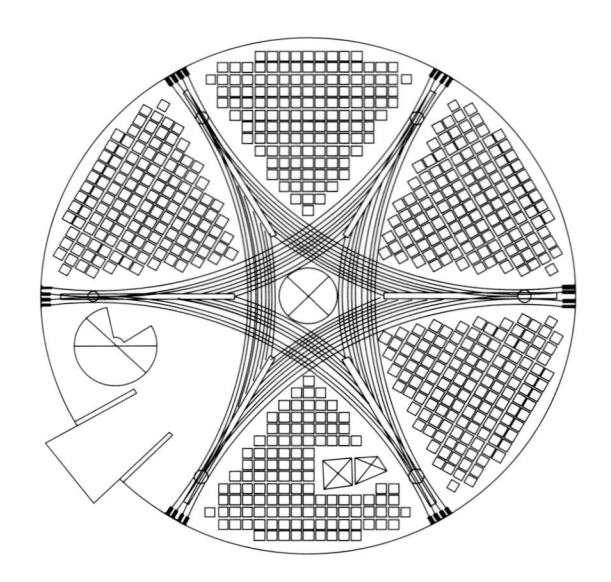

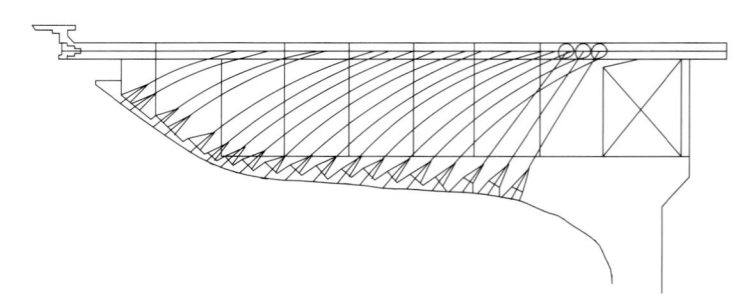

3. Disposição dos cabos no nível do segundo pavimento, como armação negativa dos 6 consolos. As paredes formam com as vigas dos pavimentos uma enorme viga duplo T.

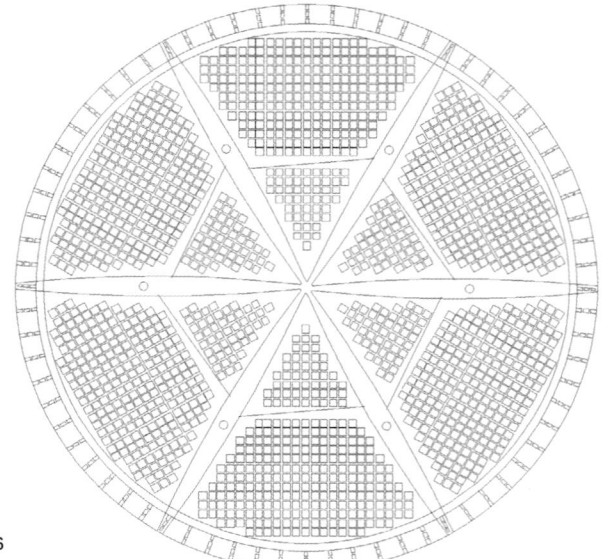

4. Planta do segundo pavimento, podendo-se notar o grande salão sem colunas e o vazio interno dos elevadores fechado.
Os elevadores não atingem esse nível. Não havendo casa de máquinas, eles são acionados por parafusos.

Edifícios Plurihabitacionais

Edifício Louveira

João Batista Vilanova Artigas (arquitetura); **Burke & Mello Peixoto Ltda.** (estrutura); São Paulo, 1946

Esbeltos e adequadamente implantados em relação ao terreno e ao entorno, os dois blocos de edifícios localizados em região nobre da cidade de São Paulo têm à sua disposição extensa área de lazer interna ajardinada, além da área da praça Vilaboim, também intensamente ajardinada. O conjunto se constitui em uma ilha de qualidade de vida, fruto da correta resolução da planta tipo e do espaço interno dos apartamentos. Se até hoje chama a atenção pela limpeza da sua volumetria, que dizer na época em que foi construído!

O uso da cor no edifício, recurso que mais tarde seria utilizado no Conjunto Residencial Zezinho Magalhães Prado, também registra a liberdade de expressão utilizada (felizmente) em contraste com o tom cinza da maioria das edificações existentes.

Em seu livro *Vilanova Artigas*, o autor do Louveira conta outra história pitoresca: ao apresentar os desenhos de legalização na prefeitura do município (1946), naturalmente a vista lateral da empena não podia ser outra que não o desenho de um retângulo em pé; em poucas palavras, eram quatro riscos, visto que a empena é cega, uma novidade na época. Ao olhar os desenhos, o arquiteto da prefeitura levou as mãos à cabeça exclamando: "Não, Artigas, essa não vai passar!".

O que era uma novidade acabou se tornando uma solução clássica em projetos de edifícios, particularmente aqueles situados em lotes estreitos: empenas laterais cegas voltadas para a rua quando o volume assumia a forma de lâmina, com as aberturas dispostas no sentido do maior comprimento do prédio.

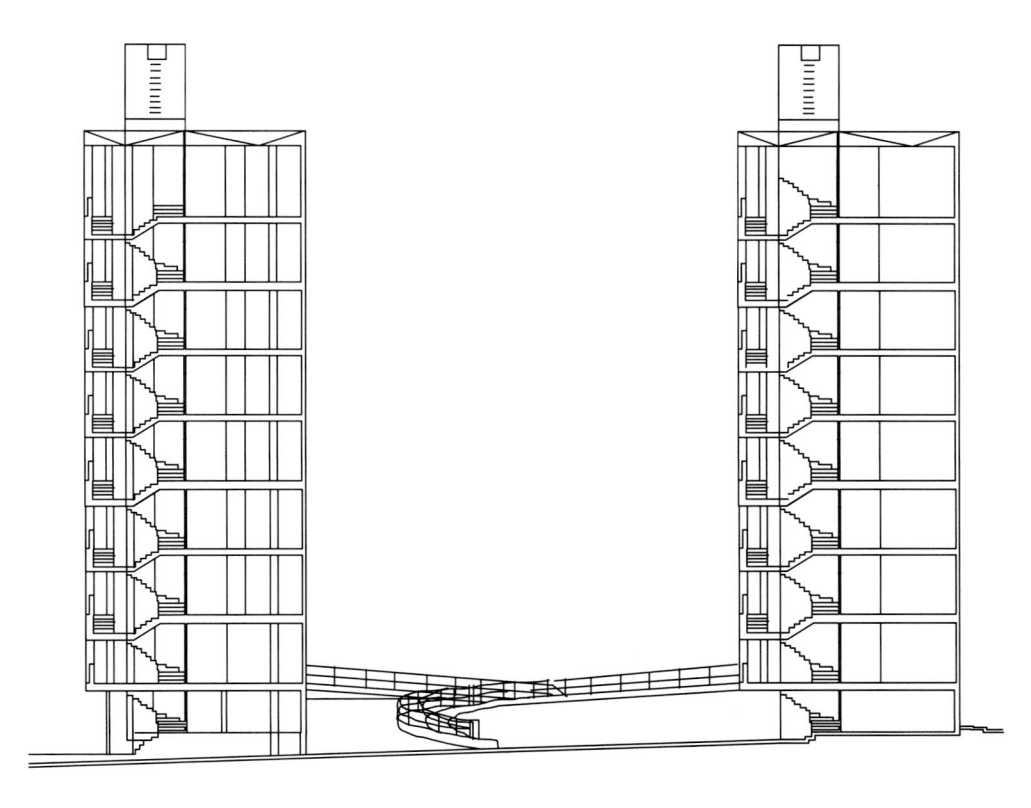

Corte transversal.

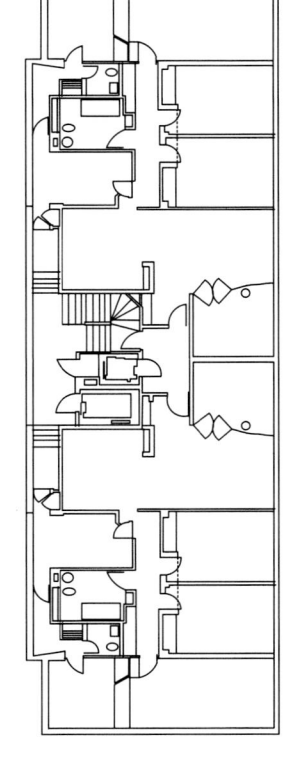

Planta do pavimento tipo.

Conjunto Residencial Prefeito Mendes de Moraes (Pedregulho)

Affonso Eduardo Reidy (arquitetura); Rio de Janeiro, 1947

Projeto monumental realizado pelo Departamento de Habitação da prefeitura da cidade do Rio de Janeiro, na época capital do Distrito Federal, e idealizado pela engenheira Carmem Portinho, casada com Affonso Reidy. Localizado no bairro de São Cristóvão, foi concebido para abrigar funcionários da prefeitura carioca de baixo poder aquisitivo. Reidy se preocupou não só com o espaço onde as pessoas iam morar, mas também com o local em que viveriam, a escola para as crianças, o comércio local e áreas de lazer, que até então nunca haviam constado de nenhum projeto arquitetônico.

Além dos três blocos de apartamentos, reúne um número de equipamentos suficiente para que o conjunto tenha vida autônoma. Foi construído em um terreno de cinco hectares, próximo à encosta do Morro do Pedregulho, que acabou por emprestar o nome à obra; o nome foi de tal forma incorporado que o conjunto, hoje, é conhecido como "Pedregulho" apenas.

Sobressai a forma sinuosa do bloco principal, com 272 unidades habitacionais distribuídas em sete pavimentos, implantado a cavaleiro da vista na parte mais alta do terreno e em harmonia perfeita com sua topografia. Seu terceiro pavimento foi concebido como um gigantesco terraço coberto, como se vê no corte.

Certamente uma lição de arquitetura: trata-se de uma proposta de habitação destinada a segmentos humildes da população, contemplados com um projeto que permite a vida comunitária com a dignidade que todo e qualquer ser humano merece, independentemente de sua faixa de renda ou condição social. Por conjugar sofisticada plástica e objetivos sociais, Reidy se tornou um dos principais nomes da habitação popular no Brasil.

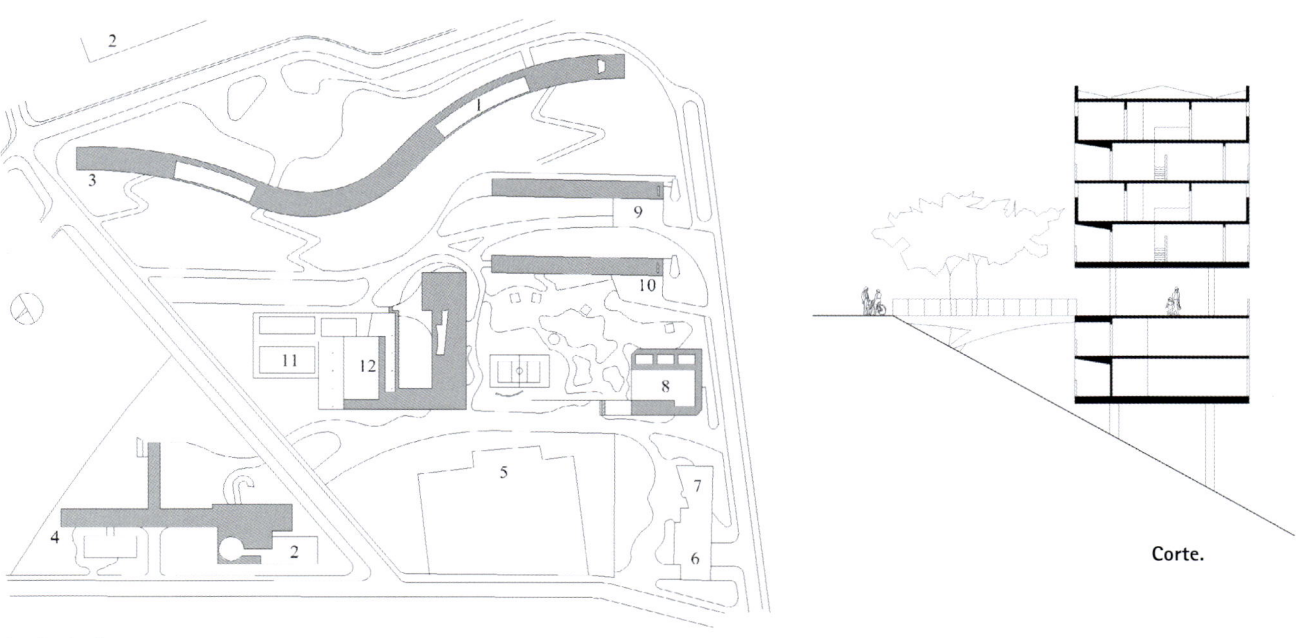

Corte.

Implantação:

1. Jardim-de-infância
2. Escola maternal
3. Apartamentos bloco A
4. Apartamentos bloco C
5. Escola primária
6. Mercado
7. Lavanderia
8. Centro sanitário
9. Apartamentos bloco B1
10. Apartamentos bloco B2
11. Piscina
12. Ginásio

Conjunto Residencial Marquês de São Vicente

Affonso Eduardo Reidy (arquitetura); Rio de Janeiro, 1952

A segunda experiência de Reidy relativa a projetos para habitação em larga escala, segue partido arquitetônico semelhante ao do conjunto residencial de Pedregulho. A forma serpenteada do Pedregulho seria repetida na rua Marquês de São Vicente, no bairro da Gávea, respeitando, mais uma vez, a encosta. Construído em área de características acidentadas, sua forma de ponto de interrogação alongado acomoda-se sobre o terreno com dois pavimentos abaixo do nível de acesso e cinco acima dele.

O conjunto, com 748 unidades habitacionais, foi construído em atendimento ao programa de erradicação de favelas da prefeitura do município, e também conta com toda a infra-estrutura necessária para a vida comunitária.

Encontra-se hoje "atravessado" pela auto-estrada que liga os bairros da Lagoa e da Barra, solução urbana que infelizmente priorizou o traçado viário e desprezou uma das obras mais importantes de um dos maiores nomes da arquitetura brasileira.

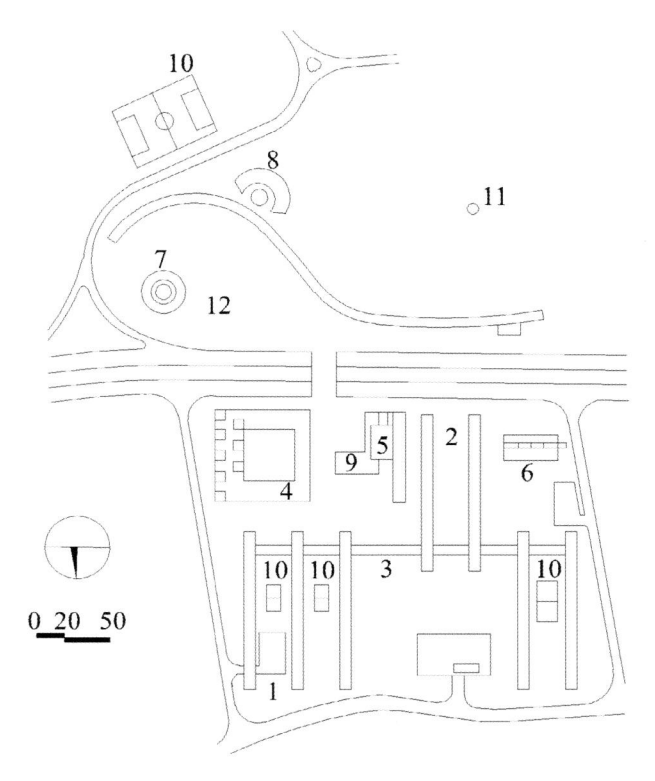

Implantação:

1. Apartamentos bloco A
2. Apartamentos bloco B
3. Marquise
4. Escola primária
5. Capela
6. Ambulatório
7. Jardim de infância
8. Auditório ao ar livre
9. Lago
10. Campo de jogos
11. Caixa d'água
12. Playground

0 20 50

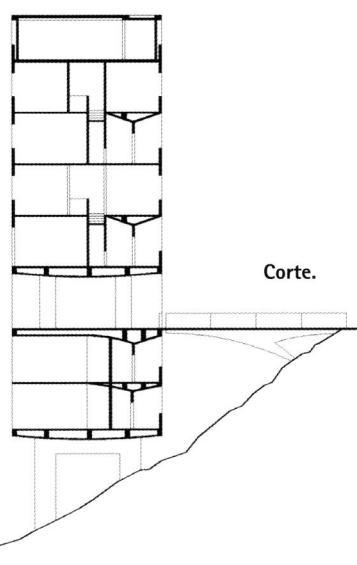

Corte.

Conjunto Residencial Zezinho Magalhães Prado

João Batista Vilanova Artigas, Fábio Penteado e **Paulo Mendes da Rocha** (arquitetura);
Escritório Técnico Figueiredo Ferraz (estrutura); Guarulhos, 1967

A Caixa Estadual de Casas para o Povo — CECAP, autarquia ligada ao governo do Estado, dedicava-se à construção de habitações populares para trabalhadores sindicalizados.

Em uma visão social que todo verdadeiro urbanista deve ter, Artigas definiu para a CECAP o plano urbanístico original até hoje não totalmente implantado, que previa, além das habitações, um conjunto de equipamentos como escolas, postos de saúde, clubes e comércio de apoio, além de áreas de lazer e intensa arborização em terreno de 1,8 milhão de metros quadrados para 50 mil habitantes.

Na realidade pensou-se não apenas na solução da unidade de habitação de maneira isolada. Pretendia-se que o conjunto adquirisse autonomia em função dos equipamentos e da proximidade das vias de acesso ligando o conjunto às cidades de Guarulhos e São Paulo, através da Rodovia Presidente Dutra.

Embora construído em escala monumental, sua relação com o entorno acontece de forma extremamente suave, como se o autor tivesse tentado riscar a linha do horizonte muito sutilmente, passando, à primeira vista, a impressão de que sua geometria colorida torna-se parte integrante do mesmo.

O termo "moradia popular" quase sempre se relaciona à construção de má, para não dizer péssima, qualidade. No entanto, esses apartamentos de 64 m² de área, adotando uma solução até simples, tanto em relação à planta da unidade quanto à planta tipo, circulações e acessos, fazem cair por terra o mito da casa popular construída com materiais ruins e baratos e sem maiores preocupações com a organização do espaço individual e coletivo. Constituem um modelo de habitação popular projetada com dignidade. Infelizmente não é o que temos visto acontecer em geral...

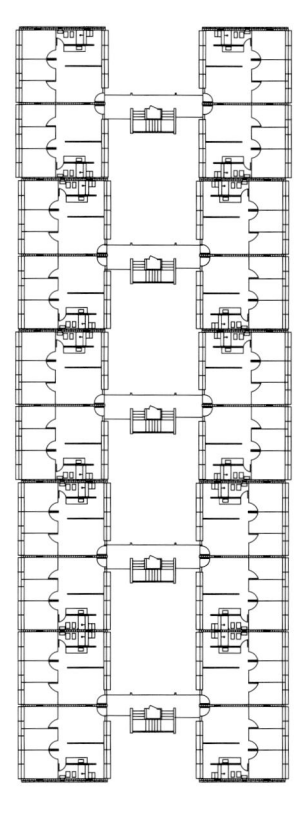

Planta do pavimento tipo.

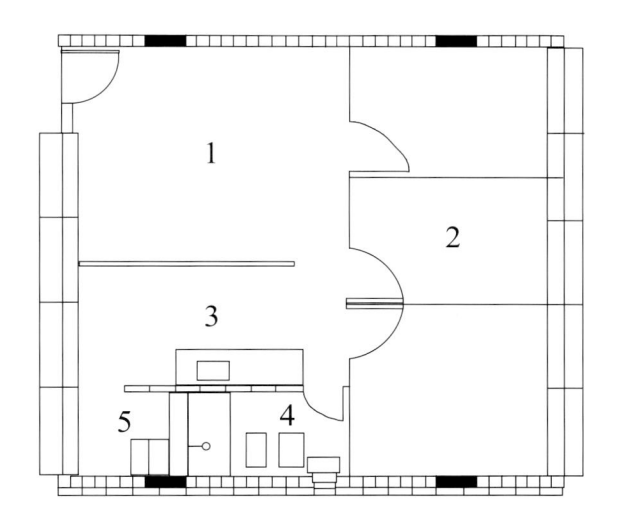

Planta apartamento tipo:

1. Sala
2. Quarto
3. Cozinha
4. Banheiro
5. Serviço

Corte transversal.

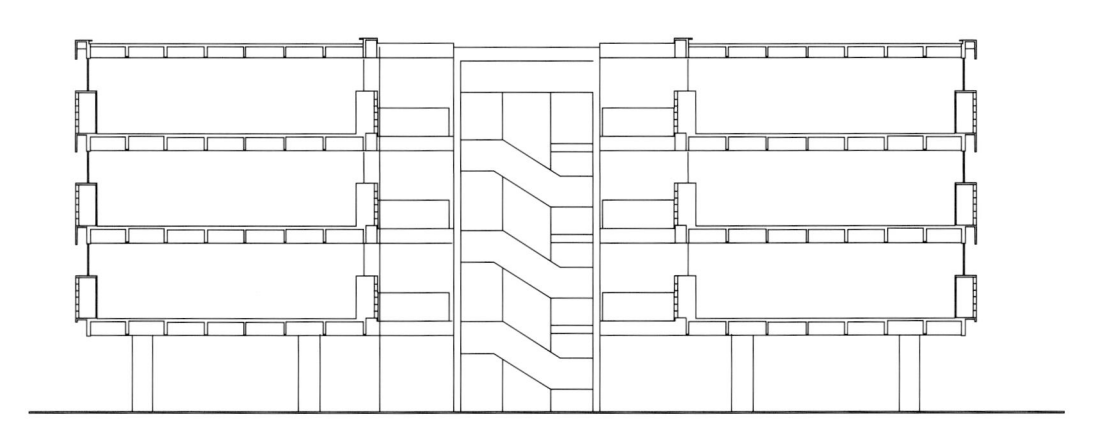

Cúpula do Salão de Jogos – Hotel Quitandinha

Antonio Alves de Noronha (estrutura); Rio de Janeiro, 1943

A cúpula do Salão de Jogos do Hotel Quitandinha apresenta interesse por ser uma solução que se prestou perfeitamente à função de garantir uma estrutura apropriada ao projeto arquitetônico do conjunto. A obra toda compreende, entre os elementos de maior destaque, os seguintes:

- Cúpula do Salão de Jogos (Salão Social), com 47 metros de diâmetro
- Vigas Vierendeel, com 30 metros de vão
- Pista de gelo
- Boate
- Grill-Room

O projeto estrutural coube ao Prof. Antonio Alves de Noronha, que soube escolher o tipo estrutural mais adequado para cada obra do conjunto arquitetônico. Ele mesmo comentava que as dimensões máximas permitidas eram tão reduzidas para aqueles vãos e para aquelas cargas que resultou em um consumo elevado de aço, atingindo até 200 kg/m^3!!!

A maior cúpula do mundo, na ocasião, foi a do Grande Mercado de Leipzig (*Grossmarkthalle Leipzig*), construída em 1930, com vão de 76 metros. Três cúpulas iguais cobrem uma área de 76 x 238 metros. A cúpula do São de Jogos do Hotel Quitandinha foi a maior da América do Sul na época (1943), embora tenha sido considerada a maior do mundo em seu gênero de casca elíptica de revolução.

Entretanto, essa cúpula não é uma cúpula de revolução. Ela é um conjunto de cúpulas tonel unidas pelas arestas, formando o que se denomina "cúpula poligonal" ou "em barrete de clérigo". A cúpula de Leipzig é o resultado da intersecção de quatro cúpulas cilíndricas que se cruzam a 45° e a 90°. Sua execução fica muito simplificada pelo fato de existirem, em cada um dos oito gomos, geratrizes retilíneas. O vão recorde de 76 metros conseguiu ser vencido com a espessura de apenas 9 centímetros!!! A segunda cúpula maior do mundo é a do Hall do Centenário de Breslau, de 1913. Trata-se de uma cúpula comum, com 32 vigas dispostas segundo os meridianos para vencer 65 metros de vão (cúpula nervurada). Portanto, quando falamos em casca elíptica maciça, não nervurada, de revolução, a do Hotel Quitandinha parece não ter rival. Continua sendo considerada a maior do mundo.

Hotel Tropical Tambaú

Sergio Bernardes (arquitetura); João Pessoa, Paraíba, 1966

Localizado na praia de Tambaú, em João Pessoa, o hotel projetado por Sergio Bernardes foi construído em uma das praias mais concorridas da região Nordeste.

Os hóspedes dos seus 175 quartos têm à disposição toda a infraestrutura característica de um hotel cinco estrelas. Erguido à beira-mar, sua especialíssima implantação sobre a areia permite que as ondas da maré alta se choquem contra o seu lado leste.

O Tropical Tambaú é uma das atrações turísticas da cidade, não só pela sua forma circular característica, mas também pela qualidade dos serviços oferecidos.

Hotel Unique

Ruy Ohtake (arquitetura); **Júlio Kassoy & Mário Franco** (estrutura); São Paulo, 2000

Este hotel, inaugurado em 2000, foi idealizado pelo arquiteto Ruy Ohtake com projeto de concreto armado de Júlio Kassoy & Mário Franco. Conta com três subsolos de garagens, um primeiro subsolo para convenções, exposições e eventos, o térreo onde se situa o lobby, e mais seis pavimentos tipo abrigando 95 apartamentos.

Embora causa de muita controvérsia, alguns a amam, outros nem tanto..., não se pode deixar de reconhecer a originalidade da proposta, cujo efeito visual conseguido é inusitado para um programa hoteleiro.

Trata-se de uma estrutura original aparentemente apoiada em duas "lâminas de concreto" que, na realidade, servem apenas de contraventamento, e não de suporte.

A estrutura é formada por duas grandes empenas de concreto com 90 metros de comprimento e espessura de 30 centímetros, distantes 15 metros entre si, e protendidas em três faixas horizontais.

As empenas sustentam as lajes protendidas dos pavimentos, com duplo engaste e espessura de apenas 22 centímetros (1/68 do vão), graças, de acordo com os autores do projeto estrutural, aos seguintes fatores:

- emprego de enérgica protensão
- engaste nas empenas
- utilização de concreto de alto desempenho (fck = 40 MPa)
- utililização de paredes leves tipo *dry wall*

As empenas apóiam-se em quatro pilares (cada uma delas), com balanços de 24 metros!

Ainda conforme os autores do projeto estrutural, a solidarização das lâminas laterais à estrutura principal só foi realizada após 30 dias, tendo já ocorrido a deformação instantânea e parte da deformação lenta.

Como na quase totalidade das obras desse gênero, as plantas definem quartos e sanitários com planos de piso e de vedações paralelos, determinando volumes prismáticos regulares, personagens bem-comportados de uma paisagem urbana quase sempre desinteressante.

Não é bem o caso dessa obra singular em sua volumetria, e no inspirado arranjo da planta tipo. O efeito ilusório do arco invertido aparentemente apoiado em duas lâminas laterais, revestido de cobre e madeira, no mínimo chama muito a atenção para o projeto de arquitetura, colocando a obra na vanguarda da produção brasileira contemporânea.

A estrutura formada pelas duas gigantescas vigas verticais é perfurada por janelas do tipo "escotilha".

Corte segundo o eixo maior de simetria, mostrando os pavimentos de quartos e os apoios na parte central. Note-se que os quartos extremos possuem uma de suas paredes oblíquas, acompanhando as bordas da construção.

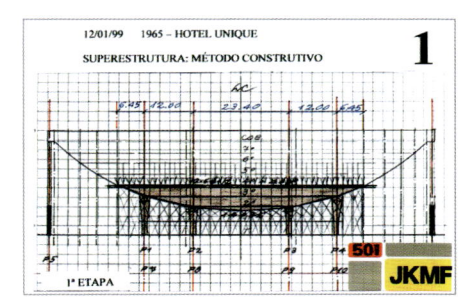

Elevação geral do Hotel Unique, mostrando as fileiras de janelas tipo "escotilha", uma para cada quarto de hóspedes.

Essas vigas estão apoiadas em 2 pilares na parte central, ficando com 2 balanços simétricos.

As 2 lâminas laterais são apenas contraventamentos que evitam a torção do conjunto, recebendo uma ínfima parcela da carga vertical.

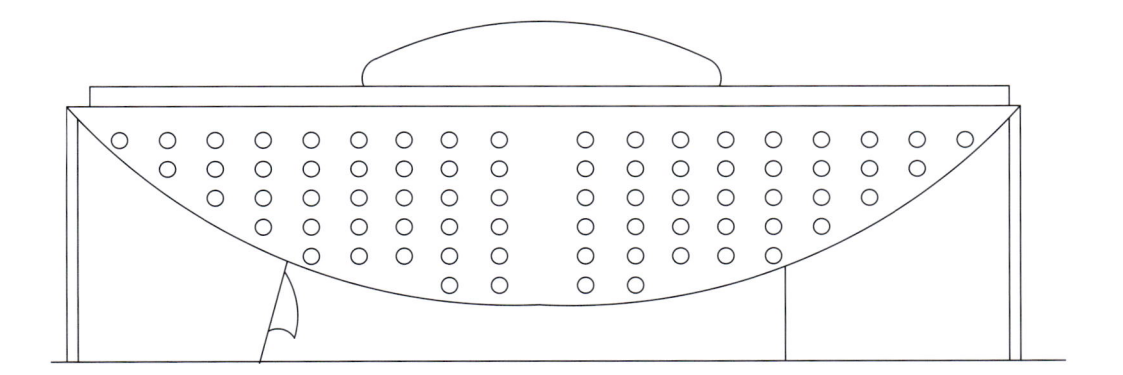

Planta do quinto pavimento, mostrando 6 grupos de 3 e 4 quartos e os 3 elevadores.

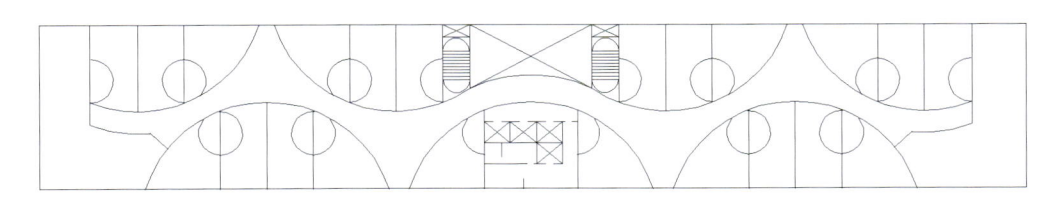

Edifícios Comerciais

Edifício do Jornal *A Noite*

Prédio Martinelli

Edifício Itália

Banco Itaú

Edifício San Siro

Edifício Sumitomo

Torre da TV Tribuna

Torre Norte do Centro Empresarial Nações Unidas

Edifício do Jornal *A Noite*

Elisiário da Cunha Bahiana e **Joseph Gire** (arquitetura); **Emílio Baumgart** (estrutura); Rio de Janeiro, 1928

Poucos edifícios no Brasil tiveram a repercussão da obra situada na praça Mauá, propriedade do jornal *A Noite*. Recorde mundial em concreto armado, foi executado contrariando todas as normas, sem considerar o efeito do vento no projeto original, pois naquela época nem se sabia como fazê-lo. Sofreu acréscimos significativos de carga na laje de cobertura depois de executado, e nunca apresentou qualquer defeito que chamasse a atenção.

Foi construído por Gusmão Dourado & Baldassini, seguindo projeto estrutural inovador de Emílio Baumgart (de 1928), com 22 pavimentos inicialmente projetados e mais dois, executados posteriormente e sem acesso aos elevadores. Baumgart não se preocupava com a competição pela altura máxima dos edifícios, história contada mais adiante, na descrição do Prédio Martinelli.

A primeira novidade do projeto se refere às lajes. Com dimensões grandes para a época, retangulares, com lado menor de 5 metros com continuidade e com lado maior de 6,7 metros e 9,5 metros, a espessura é de apenas 7 centímetros. Hoje ninguém se atreve a fazer tais lajes com espessura inferior a 10 centímetros. Baumgart resolveu o problema das flechas prevendo mísulas de 10 x 40 centímetros em todo o contorno das lajes e armaduras em diagonal nos cantos.

Em 1935, cinco anos depois de inaugurado o edifício, a administração decidiu aproveitar o espaço da cobertura sobre o 22º andar, transformando-o num terraço acessível com restaurante e pista de dança. O terraço assim criado recebeu uma decoração em forma de pérgola e uma melhoria do projeto da casa de máquinas a 105 metros acima da calçada, onde foi construído um posto de observação do tráfego do porto do Rio de Janeiro. A carga na laje de cobertura aumentou 300%, tendo sido necessário projetar um reforço. A reformulação do projeto, a cargo de Arthur Eugênio Jermann, um dos colaboradores de Emílio Baumgart, foi de uma criatividade tão simples que merece ser descrita.

A laje de cobertura (23ª laje) não tinha capacidade para suportar o acréscimo de carga. Foi então imaginado um sistema estrutural para suspender a laje na nova estrutura criada no nível da pérgola — três pilares, dividindo o vão das vigas de cobertura em quatro partes iguais, para funcionar como tirantes. O vigamento da pérgola, no nível de 105 metros, poderia possuir a altura necessária para transferir as cargas que a cobertura não conseguiria suportar. A própria laje na cobertura, suportada por nervuras a cada 2,28 metros, e funcionando como laje contínua, não possuía capacidade portante para as novas cargas aumentadas. A solução foi executar nervuras intermediárias, dividindo o vão de 2,28 metros em dois vãos de 1,14 metro cada um. Assim procedendo, o momento positivo de vão, já recebendo a totalidade da carga permanente com a nova nervura intermediária de apoio, passou a receber momentos negativos para as cargas adicionais.

Os momentos positivos de vão diminuíram, sem chegar a mudar de sinal. Já os negativos de apoio nas nervuras originais aumentaram de valor, sendo facilmente resistidos com as armaduras existentes. Essa solução resistiu satisfatoriamente aos novos esforços solicitantes, sem necessidade de acrescentar novas armaduras. Mesmo com a redistribuição futura das deformações provocadas pela fluência do concreto, a nova estrutura resistiu bem aos esforços ao longo do tempo, sem que aparecessem fissuras no concreto.

O último fato que deve ser mencionado corresponde à resistência ao vento. O engenheiro Octávio Carneiro, pai do renomado Prof. Fernando Lobo Carneiro, sendo o fiscal da obra, começou a levantar suspeitas a respeito da resistência ao vento de um edifício tão alto. Comunicando o fato a Baumgart, este também ficou preocupado. Sem saber como proceder para verificar a resistência aos esforços horizontais de vento, Baumgart escreveu para Chicago, a cidade americana dos edifícios altos. A resposta foi imediata:

"Nós não consideramos a resistência ao vento das estruturas metálicas. Como os pilares são ligados entre si por grossas paredes de alvenaria, imaginamos que os pilares metálicos, sendo flexíveis, transferem toda a solicitação horizontal para as alvenarias que a suportam com bastante folga".

Octávio Carneiro não ficou satisfeito com a resposta. Afirmou que, nas estruturas metálicas, a flexibilidade dos pilares era grande, permitindo a transferência para a alvenaria. No caso da estrutura de concreto, os pilares são muito mais rígidos e, quando se deformarem suficientemente para realizar a transferência, já estarão fissurados na base. Baumgart aceitou as ponderações de Octávio Carneiro e projetou um reforço estrutural que abrangeu os 14 primeiros pavimentos. Não sendo viável aumentar todos os pilares, concentrou os esforços em apenas dois pórticos transversais. Distantes 25 metros das bordas, ficando um espaço entre eles de apenas 15 metros (para o comprimento total de 65 metros do edifício), a laje constituía uma imensa viga no plano horizontal, como as asas de um avião com balanços de 25 metros. Com isso, as únicas obstruções criadas pelo reforço eram de reduções dos pés-direitos em duas passagens do corredor central.

Prédio Martinelli

William Fillinger (arquitetura); **Amaral & Simões** (estrutura); São Paulo, 1929

O Prédio Martinelli foi o maior edifício do mundo em concreto armado em 1929. Não obstante as informações em contrário, tudo indica que o comendador Giuseppe Martinelli, tendo chegado ao Brasil como um simples imigrante e conseguido uma enorme fortuna, tinha motivos para ver seu nome perpetuado numa obra gigantesca. Endividou-se de tal forma com essa obra que precisou vendê-la. Posteriormente, já de propriedade do governo italiano, foi confiscada como indenização dos prejuízos de guerra. O prédio ficou sob intervenção federal até 1944, indo então a leilão. Foi o primeiro prédio no Brasil a se transformar em condomínio, com 103 proprietários. Nessa ocasião, Martinelli ainda fez um esforço supremo para recuperar o prédio, mas perdeu-o para um grupo poderoso que o arrematou por 45 mil contos de réis, a moeda da época.

Ao contratar a execução da obra com o escritório Amaral & Simões, de José de Campos Amaral e Raul Silveira Simões — dois jovens engenheiros que aplicaram os maiores esforços para conseguir a realização da obra apesar de inúmeros percalços —, Martinelli estabeleceu condições leoninas, o que deu margem à rescisão do contrato quando todos os problemas haviam sido resolvidos com as maiores dificuldades. Martinelli foi implacável: fez cumprir o contrato, levando os dois jovens à falência. Recebeu o prédio já no nível da rua São Bento, com os problemas mais complexos já resolvidos, e continuou a obra com os próprios colaboradores da firma falida. Com o projeto de arquitetura também não procedeu corretamente. Contratou o arquiteto húngaro William Fillinger para o projeto pelo preço total equivalente a 25 mil cruzeiros, mas lhe pagou apenas 5 mil!

O projeto inicial sofreu muitas modificações, mas a idéia da divisão da fachada em blocos para a avenida São João foi mantida. Os desenhos originais de Fillinger previam 14 pavimentos. A ampliação para 24 andares foi posterior e constitui um dos mais fortes argumentos para sustentar a idéia de que Martinelli queria construir o edifício mais alto da América do Sul. Embora essa seja apenas uma suposição, a execução simultânea do edifício do jornal *A Noite*, no Rio de Janeiro, deu margem a ela, e esse edifício acabou por suplantar o recorde do Martinelli. É impossível descrever hoje todas as dificuldades e problemas que surgiram durante a execução das fundações. O contrato era claro: 12 meses de prazo, sem prorrogação. Existem publicações que descrevem com minúcias todas as dificuldades que foram vencidas, a custo de muitas despesas imprevistas. Mas nada disso abalou a decisão de Martinelli.

Para a imprensa tudo isso era "um prato feito" para gerar publicidade, a ponto de o prefeito de São Paulo chegar a declarar para a imprensa: "O Martinelli não se embarga!". A população ficava nas janelas, esperando o prédio cair. Foi um verdadeiro espetáculo. Uma prova de carga das fundações, acompanhada por um grupo de engenheiros de alta competência do Rio de Janeiro, resolveu o caso.

Martinelli, com a intenção de fazer seu prédio chegar aos 30 andares, fez construir um palacete no terraço do último andar, conhecido como "Casa do Comendador". Ali morou com a esposa e a sogra em 1929, enquanto as obras de acabamento continuaram até 1934.

A transformação do prédio em condomínio foi uma derrocada geral. Ele se deteriorou de tal maneira que se transformou em antro de marginais e prostitutas, e os poços de elevadores se converteram em depósito de lixo. As coisas estavam nesse pé quando o prefeito de São Paulo, engenheiro Olavo Setúbal, resolveu recuperar o prédio. Depois de muitas tratativas com os proprietários, as chaves foram entregues, em 1975, à EMURB — Empresa Municipal de Urbanização, que se responsabilizou por 58% do empreendimento, cabendo aos proprietários a diferença de 42%.

O "Novo Prédio Martinelli" foi entregue ao público em maio de 1979, encerrando um grande capítulo da construção em São Paulo. Seria considerada a "decisão mais corajosa e de maior repercussão da gestão do engenheiro Olavo Setúbal"!

Edifício Itália

Adolf Franz Heep (arquitetura);
ATC Sociedade Civil Ltda. (estrutura); São Paulo, 1956

O Edifício Itália, iniciativa do Circolo Italiano, foi recorde mundial de edifício de grande altura, com 151 metros, apenas durante três meses, quando ainda estava em acabamento. Foi logo suplantado pelas torres gêmeas do Marina City, em Chicago, que ultrapassou em 38 metros os 151 do Edifício Itália.

O projeto de arquitetura foi de Franz Heep, que venceu um concurso do qual participaram quatro arquitetos convidados. A construção começou com a Engenharia e Construções Otto Meinberg S.A. e, até a sua conclusão, passou por várias outras construtoras: Edifício Itália, Comercial e Administradora S.A., R. Cecchi & Cia. Ltda., Construtora Magalhães Gouveia S.A., e Engenheiro Joaquim Junqueira do Val.

Os cálculos estruturais estiveram a cargo de ATC Sociedade Civil Ltda., composta dos engenheiros Oswaldo de Moura Abreu, Waldemar Tietz e Nelson de Barros Camargo, firma antiga e conceituada, a primeira a fundar em São Paulo um escritório exclusivamente para cálculos estruturais.

A solução estrutural dada para um edifício de 44 andares foi a de laje nervurada com 18 centímetros de espessura, seção caixão, com espaços internos preenchidos com blocos leves de fitas de madeira imersas em cimento e prensadas, material conhecido como Eraklit. Essa solução em lajes nervuradas foi aplicada do quarto andar para cima, sobre uma laje de transição de 1,93 metro de altura, com vigas perimetrais de 1,4 metro de largura. Nessas vigas apóiam-se 100 pilaretes distribuídos uniformemente em todo o perímetro oval do edifício. De 10 em 10 pavimentos executou-se uma laje maciça.

Os 12 poços de elevadores no eixo de simetria do edifício possibilitaram a execução de dois imensos pilares com seção transversal em forma de duplo T, responsáveis por 90% da resistência ao vento. Os demais 10% são absorvidos por cortinas laterais situadas nos dois "bicos" do prédio.

Observe-se a forma ovalada do pavimento tipo, com os 100 pilaretes de fachada e as nervuras da laje.

O efeito do vento, quando a sua direção não coincide com os eixos de simetria, pode provocar solicitações de torção na estrutura em conjunto. Isso é fácil de compreender: com vento oblíquo incidindo perpendicularmente em uma face, a incidência na face simétrica será oblíqua. Os valores da pressão a barlavento e a sotavento serão diferentes nas duas metades. Os momentos dessas forças em relação ao centro do prédio não se equilibram. A resultante desses momentos é um efeito de torção. Essa torção, da ordem de 22 mil kN.m, foi detectada e considerada no cálculo original.

Planta de formas do pavimento tipo a partir do quarto andar.

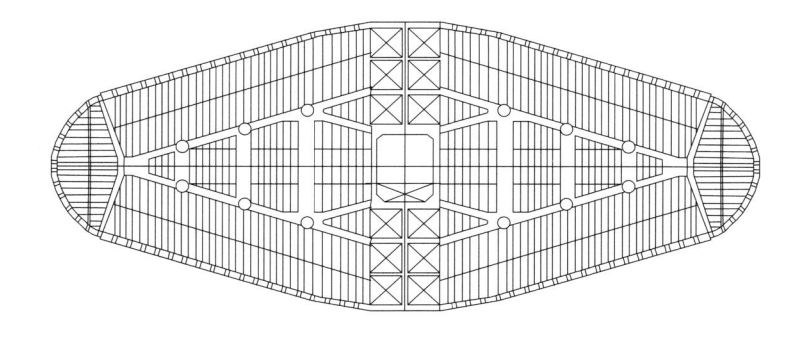

Planta andar tipo.

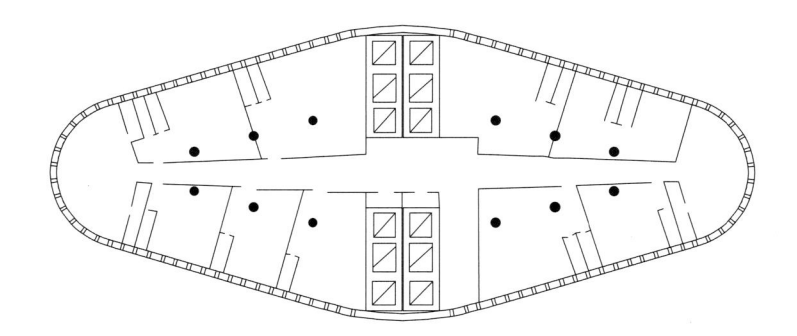

Banco Itaú

Rino Levi (arquitetura); **Arnold Pestalozzi** (estrutura); São Paulo, 1960

Em meados do século XX, grande parte da arquitetura paulistana, ou quase toda ela, era realizada por engenheiros civis, visto que considerava-se a arquitetura uma especialização da engenharia.

Em 1947, houve a fundação da FAU Mackenzie, com base no curso de Engenheiro Arquiteto da Escola de Engenharia, e, em 1948, o mesmo se dá em relação à FAU-USP, que incorpora o curso de Engenheiro Arquiteto da Escola Politécnica.

Até então, aos arquitetos era reservada uma função secundária, sendo considerados simples desenhistas de fachadas ou decoradores encarregados de realizar a ornamentação dos edifícios. O verdadeiro papel de agente organizador do espaço e responsável pela definição da estrutura como essência da arquitetura cristalizou-se a partir da consolidação do movimento moderno e do desligamento dos cursos de arquitetura dos cursos de engenharia.

Em um período de 100 anos, São Paulo se transformou na maior cidade do país e maior pólo industrial do continente sul-americano. Cumpre destacar a importância dos profissionais de arquitetura e engenharia nesse processo, além do extraordinário impulso que a técnica construtiva do concreto armado possibilitou. A bem dizer, os modernos edifícios de concreto substituíram as primitivas "bibocas" de taipa, em um processo de urbanização acelerado, em que arquitetos como Gregori Warchavchik, Jacques Pilon e Rino Levi desempenharam um importantíssimo papel, representantes que eram do ideário modernista, e que aqui haviam desembarcado naturalizando-se brasileiros, ou indo estudar no estrangeiro e retornando ao país em seguida.

O deslocamento do centro financeiro do centro da cidade em direção à avenida Paulista deu margem à construção de um grande números de edifícios públicos ou pertencentes a empresas particulares, cuja silhueta, apesar do gabarito baixo, com o passar do tempo, acabou por caracterizar a mais paulista das avenidas, substituindo as grandes mansões senhoriais construídas no início do século.

Entre eles destaca-se, pela leveza, pela correta proporção e pelo equilíbrio de volumes emoldurados por *brise-soleil* metálicos, o Edifício do Banco Sul Americano, hoje propriedade do Banco Itaú.

O autor do projeto, o arquiteto Rino Levi, descendente de uma família italiana que havia imigrado para o Brasil, nasceu em São Paulo, em 1901, e faleceu no interior da Bahia, em 1965.

Estudante do tradicional colégio paulista Dante Alighieri, completou seus estudos no Instituto Superior de Arquitetura de Roma, regressando em 1926 para construir aqui sua brilhante carreira.

A importância de sua atuação profissional confunde-se com a militância voltada para a defesa dos interesses da categoria, tendo sido um dos fundadores do Instituto de Arquitetos do Brasil e um de seus primeiros diretores.

No edifício do Banco Itaú, o bloco construído a partir da composição de dois volumes prismáticos regulares, atendidos pela torre de circulação vertical comum a ambos, com a escada situada fora do perímetro da planta, distribui o programa de forma clara e organizada; o bloco de escritórios, implantado perpendicularmente à avenida, se sobrepõe ao embasamento rigorosamente ajustado aos limites do lote, onde se situam os dois pavimentos da agência, sendo o superior em balanço; os *brise-soleil* horizontais móveis estão afastados da caixilharia, para permitir a dissipação do calor. Recentemente, dois pavimentos foram construídos abaixo do nível do último piso de garagens, para atender à demanda crescente de vagas de estacionamento.

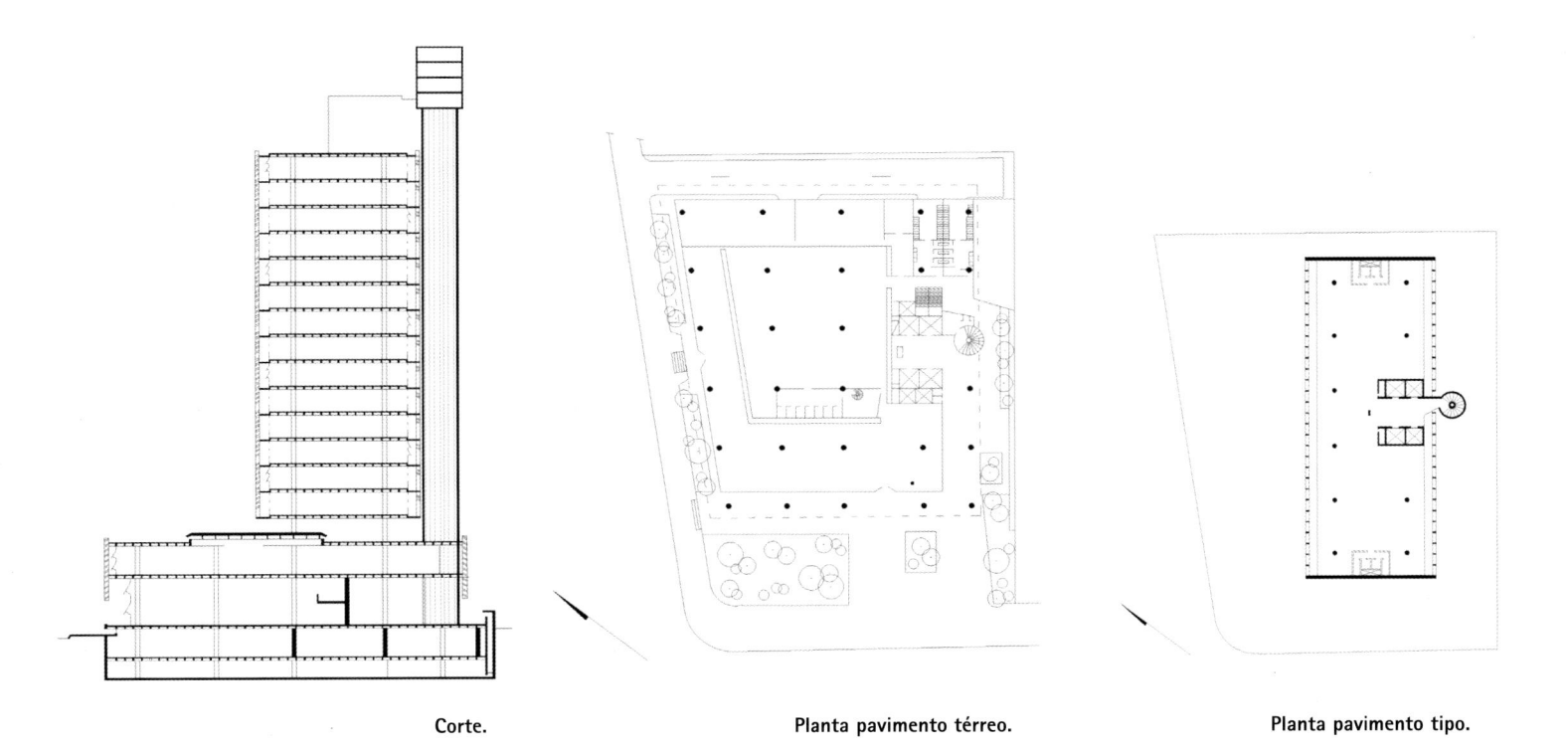

Corte.   Planta pavimento térreo.   Planta pavimento tipo.

Edifício San Siro

Alexandre Danilovic (arquitetura); **Júlio Kassoy & Mário Franco** (estrutura); São Paulo, 1969

Este ainda é o maior edifício do mundo destinado a garagem vertical. Em São Paulo tornaram-se famosos o edifício-garagem G.A.X.T. — Garagem Automática Xavier de Toledo, o edifício-garagem da rua Araújo, o edifício com rampas circulares da avenida Ipiranga, e o Edifício Condestável da avenida Brigadeiro Luiz Antonio (33 pavimentos). O Edifício San Siro alcançou a marca internacional em 1969, com 36 pavimentos.

Desde os anos 1960, os edifícios-garagem conquistaram grande importância no Brasil, pois as grandes cidades tinham uma falta enorme de estacionamentos para carros em áreas próximas aos centros, em face das proibições de estacionamento nas ruas. Em São Paulo e no Rio de Janeiro foram improvisadas lonas para sombreamento de áreas vazias, ou até mesmo construídos edifícios baixos para estacionamento de carros particulares. Nas vizinhanças dos shopping centers tornou-se imprescindível a reserva de grandes áreas subterrâneas, com a finalidade única de estacionamento.

Embora sem grande expressão arquitetônica, tratando-se de um prisma retangular simples, não se pode deixar de citá-lo pela importância de sua solução estrutural, e por tratar-se de um recorde.

Foi construído em 1969 pela empresa CONSTRUVEL. Localizado num terreno muito estreito na rua da Consolação, no centro comercial da cidade de São Paulo, sua construção foi prevista para 300 carros numa área com apenas 9,5 x 25 metros. O edifício deveria, portanto, ter o maior número permitido de andares de acordo com as leis municipais: altura máxima de 90,35 metros.

O maior problema foi encontrar o contraventamento apropriado. A solução desse problema deu origem a um estudo original do Prof. Mário Franco, que, mais tarde, foi transformado em sua tese de doutorado.

O projeto estrutural ficou a cargo do Escritório Técnico Júlio Kassoy & Mário Franco, e o projeto arquitetônico foi desenvolvido em perfeita simbiose com ele pelo arquiteto Alexandre Danilovic. O número de pavimentos tinha de ser determinado pela dependência da altura das vigas, que deveria ser a menor possível.

Não havia espaço suficiente para as manobras dos veículos, e por isso foi projetado um equipamento especial para ajudar os carros a entrar e a sair dos elevadores. Ainda mais, foi necessário usar elevadores especiais de alta velocidade de fabricação Atlas, com 25 m/s. Na planta do andar tipo (figura 1) podem ser vistos os três elevadores dispostos lado a lado, ocupando a largura total do pavimento.

As vigas da fachada possuem a forma de uma "gravata-borboleta" ou "rabo de andorinha".

A estrutura transversal do San Siro só poderia ser projetada com vigas de altura até 38 centímetros, para um vão de 9,5 metros. A criatividade de Mário Franco deve ser mencionada, pelo fato de ter sido concebida uma estrutura de contraventamento totalmente original. Ele não usou para contraventar o edifício apenas essas vigas flexíveis, mas sim a forma incomum das fachadas e, simultaneamente, as vigas longitudinais que se desenvolvem em ambos os lados. As forças intermediárias de vento são transferidas para as fachadas pelas lajes, funcionando como diafragmas em seu próprio plano. Os pilares intermediários não colaboram diretamente porque eles são também muito flexíveis.

Nas fachadas, as deformações verticais dos pilares principais forçam os pilares intermediários a colaborar, com a ajuda das vigas longitudinais. Desse modo, mesmo com a orientação desvantajosa, os pilares intermediários irão colaborar com seu maior momento de inércia, por serem indiretamente solicitados pelas vigas longitudinais.

Essa fantástica concepção do pórtico espacial constitui uma interpretação completamente diferente da estrutura, em uma época em que não era fácil calcular estruturas espaciais, permitindo o uso de vigas transversais de pequena altura, aparentemente com reduzida colaboração para efeito de contraventamento. Essas vigas foram proporcionadas apenas para as verdadeiras cargas verticais, e não para as solicitações horizontais das normas. As lajes foram carregadas com apenas 1,2 kN/m^2 e as forças dinâmicas não foram consideradas, contrariamente ao que exigiam as normas com carregamentos excessivos.

As fundações consistiam de tubulões (figura 2) e, sendo o nível do lençol freático muito profundo, não foi necessário o uso de tubulões pneumáticos. O engenheiro Sigmundo Golombek, consultor de fundações, considerou essa solução a mais econômica e a mais conveniente. A pequena largura do terreno, e a necessidade de alargar a base, forçaram o deslocamento do eixo dos tubulões para o eixo do terreno, e o alargamento das bases no sentido longitudinal até que elas se tocassem umas às outras. As distâncias entre as linhas de centro dos tubulões tiveram de ser diminuídas para 5,7 metros (figura 2). Grandes vigas-alavanca entre as duas fileiras de tubulões tiveram de ser concebidas, com a função de transferir as cargas dos pilares para as fundações.

Ação do vento

À direita, muito próximo do San Siro, está o Complexo Zarvos, com luxuosos escritórios e outras instalações. Mas na ocasião da construção, o San Siro estava totalmente isolado e por isso ficou exposto a ventos muito fortes e diversas tempestades; resistiu a todas elas sem danos. Hoje o edifício é parcialmente protegido pelas altas construções vizinhas.

O projeto da estrutura para suportar a ação do vento foi a parte mais importante de todo o projeto. A necessidade de reduzir a distância entre os eixos dos tubulões, justamente onde as forças do vento produziam os maiores momentos, foi de difícil aceitação.

A máxima pressão no solo não poderia ultrapassar 0,75 MPa sob a ação simultânea de ações verticais e horizontais. Para ações somente verticais o limite era 0,4 MPa. Foi então muito importante reduzir a ação do vento em relação às forças normais nos pilares de fachada.

A consideração das vigas longitudinais, para reduzir as forças da fachada para os demais pilares, possibilitou a redução da carga axial nos primeiros pilares para os intermediários, de 6 mil kN para apenas 4 mil kN.

O tratamento analítico foi feito pela consideração de um continuum, que conduziu a uma equação diferencial completa de quarta ordem com coeficientes constantes.

Naquela ocasião, o uso de computadores estava em seu início no Brasil, e somente existiam alguns programas para cálculo de pórticos planos. Foi então preparado um programa especial em linguagem FORTRAN I para resolver estruturas semelhantes com dois eixos de simetria, porém somente para determinar os coeficientes da equação diferencial. O programa poderia também determinar os momentos e os deslocamentos em cada andar. Os seguintes fatores foram considerados no programa:

- deformações axiais nos pilares
- juntas rígidas de dimensões não desprezíveis
- efeitos de segunda ordem ($\sim$ 3,5%)

O deslocamento do topo do edifício foi de 15 centímetros, o que representa 1/600 da altura total de 93 metros acima da fundação.

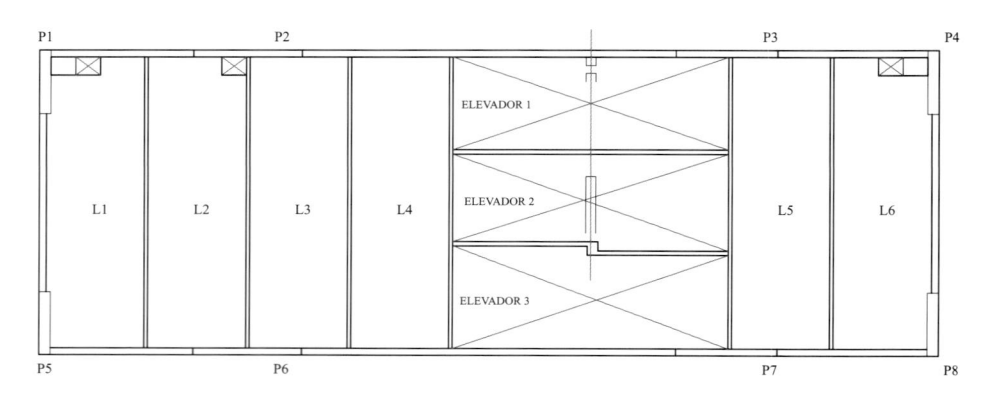

1. Formas do andar tipo da garagem do Edifício San Siro (cortesia do Prof. Mário Franco).

2. Planta de fundações com os tubulões de base alargada (cortesia do Prof. Mário Franco).

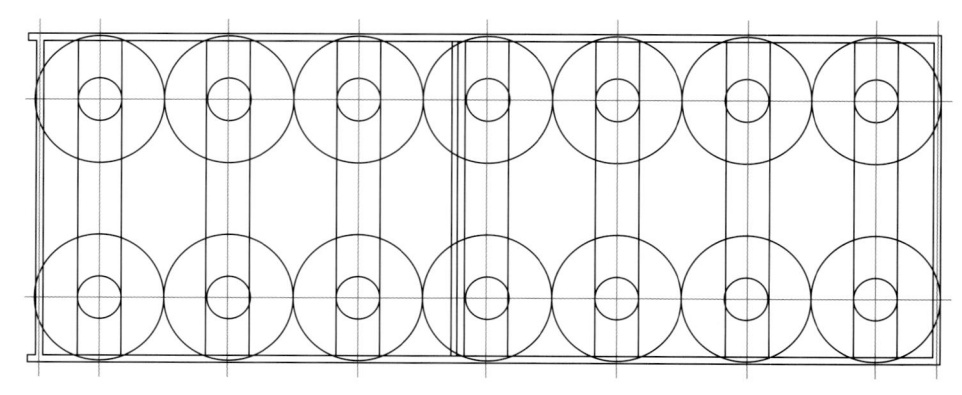

Edifício Sumitomo

Jorge Zalszupin, José Gugliotta e José Maria de Moura Pessoa (arquitetura);
Augusto Carlos de Vasconcelos (estrutura); São Paulo, 1972

O Edifício Sumitomo, na avenida Paulista, chamava-se Aquarius no projeto do escritório de arquitetura Gugliotta & Zalszupin. O edifício que ocupa a quadra inteira (118 metros) entre a avenida Paulista e a alameda Santos, em um terreno de largura aproximada de 20 metros, possui 28 pavimentos, cujos comprimentos medidos perpendicularmente às ruas variam, diminuindo para cima até terminar em 18 metros.

Possuindo 118 metros na base, foi prevista uma junta de dilatação dividindo o edifício em duas partes iguais, de 59 metros cada uma. Na verdade, a ligação entre as duas partes foi feita mediante vigas esbeltas, para evitar a formação de degraus quando eventualmente ocorressem deslocamentos de apoio.

O cálculo estrutural foi feito por Vasconcelos-Vieira Engenheiros Estruturais Ltda., e a construção foi contratada com ECISA S.A.

Depois de pronta a obra, empresários japoneses se encantaram com o edifício, que possui a forma de templo japonês. Resolveram comprá-lo. Mudaram o nome e ali instalaram o Banco Sumitomo, dando uma grande festa típica na inauguração e "espalhando a notícia" de que o projeto havia obedecido a idéias de construções japonesas.

Por existir um grande desnível entre a avenida Paulista e a alameda Santos, foi possível prever no projeto dois subsolos de garagens, com acessos por meio de rampas dos dois lados do prédio. Os carros entram pela avenida Paulista, de um lado, e pela alameda Santos, do outro. Sendo a largura das rampas de acesso de apenas 2,5 metros, não foi fácil encontrar a largura adequada das portas de entrada, que precisavam obedecer à modulação das janelas em toda a fachada variável lateral. A largura mínima era inviável por causa das manobras; a próxima largura compatível com a modulação se tornava muito arriscada, pois ocorria justamente na região de maior altura da edificação (centro do prédio). Cálculos efetuados pelo processo dos elementos finitos, novidade na época (anos 1970), permitiram levar em consideração as aberturas das duas garagens defasadas e as aberturas das janelas, dispostas como um tabuleiro de xadrez.

O formato do perfil variável da fachada também foi objeto de muita discussão por causa dos desenhos de incisão das paredes laterais, que deviam possuir uma forma geométrica agradável e compatível com a disposição das janelas e com as aberturas das garagens. Depois de pronto o concreto, aquelas incisões com a forma de V (cantoneiras) ficaram imperceptíveis para quem não examinasse a fachada de perto.

Do ponto de vista estático, não existem pilares internos além do conjunto dos elevadores, um conjunto em cada metade do edifício. As paredes eram os únicos elementos de sustentação das cargas verticais fora da região dos elevadores. Não existem pilares em toda a construção.

Cada pavimento é variável. A estrutura mais lógica, portanto, foi ligar as duas paredes por meio de nervuras a cada 1,75 metro e vãos de 14,7 metros. Resultaram nervuras de 20 x 70 centímetros (30 x 70 centímetros nos rebaixos dos sanitários, por causa dos furos de 40 x 40 centímetros), com lajes de 7 centímetros e contraflexas de 2 centímetros. Nas extremidades, nas regiões dos sanitários, a laje era rebaixada e as nervuras atravessadas por dutos de esgoto com aberturas de 40 x 40 centímetros. Isso enfraqueceu bastante a resistência das nervuras ao cortante, mas foi possível dimensionar a estrutura com concreto de resistência 20 MPa. O efeito do vento foi combatido por meio de pórticos variáveis com apenas dois pilares de 30 x 200 centímetros (parte das paredes laterais) com furos das janelas, ligados em cada pavimento por vigas de 20 a 30 x 70 centímetros. Todo o processamento para a avaliação dos esforços do vento, de avaliação das cargas nas fundações (tubulões) e de elementos finitos foi feito na COPPE — Coordenação dos Programas de Pós-Graduação em Engenharia, do Rio de Janeiro, único local onde era possível encontrar os computadores com capacidade suficiente para tais cálculos. Os processamentos foram feitos por Humberto Soriano, sob a direção do Prof. Fernando Lobo Carneiro.

Torre da TV Tribuna
Recife, 1991

A esguia e elegante silhueta da estrutura de concreto com 97,85 metros de altura total, construída pelo Empresário João Santos, proprietário do Grupo que leva seu nome, e destinada à transmissão dos sinais da TV Tribuna e da emissora de Radio AM e FM, constitui-se hoje em um dos raros exemplos no país de torre de rádio e televisão com múltiplas funções: aloja dois restaurantes e bar, servidos por dois elevadores, um deles panorâmico e o outro de serviço.

Trata-se portanto de edifício que abriga uma torre de transmissão, bar, restaurantes e mirante, de onde se avistam o farol e o mar de Olinda, a zona central do Recife e a praia da Boa Viagem.

Na cota + 76.00 no topo do fuste, foi instalada a antena metálica com 25 metros de altura.

A estrutura construída com forma circular metálica deslizante, está apoiada sobre uma única sapata, na verdade uma placa contendo 277 m^3 de concreto. Seu diâmetro é de 6,5 metros com espessura de apenas 40 centímetros.

As quatro lajes que correspondem aos quatro níveis superiores com 284 metros quadrados, pesam cada uma 360 toneladas, e estão fixadas no fuste por inserts fabricados com aço especial. Já a quinta, situa-se no embasamento da torre (nível + 4,65) onde se localiza a cozinha industrial que atende aos restaurantes.

O conjunto entrou em operação em 1991. A área construída total é de 1.475,57 m^2. A obra, executada pela SENO — Serviços de Engenharia do Nordeste consumiu 1.500 m3 de concreto, e o responsável pela sua execução foi o engenheiro Fernando Luiz Cabral de Vasconcelos.

Torre Norte do Centro Empresarial Nações Unidas

Alberto Botti e **Marc Rubin** (arquitetura); **Júlio Kassoy & Mário Franco** (estrutura); São Paulo, 1998

Entre o belo conjunto de edifícios que compõem a paisagem da Marginal do Pinheiros, em São Paulo, destaca-se o conjunto CENU — Centro Empresarial Nações Unidas, construído em 1998.

Três torres singulares para escritórios — Norte, Oeste e Leste —, dois Centros de Convenções, além do Shopping Nações Unidas, somam uma área total de 300 mil m².

A marca visual das grandes torres é a grelha das fachadas, além do coroamento chanfrado. Vale lembrar aqui a implantação perfeita do conjunto, integrando corretamente os três edifícios e o shopping center.

A Torre Norte, o mais imponente dos três edifícios, possui 156 metros de altura com 40 pavimentos, sendo um dos mais altos da cidade de São Paulo. A construção demorou dois anos, de 1997 a 1999, e tornou-se um cartão-postal da cidade.

O projeto arquitetônico é do escritório Botti Rubin Arquitetos Associados. O cálculo estrutural foi desenvolvido pelo Escritório Técnico Júlio Kassoy & Mário Franco, com o uso de modelos aerodinâmicos feitos no Layer Boundary Wind Tunnel Laboratory, da Universidade de Ontário.

O cálculo da estrutura mostrou cargas nos pilares periféricos variando de 11 mil a 46 mil kN, transferidas para o solo mediante sapatas com pressões de até 1 MPa sem vento, e 1,3 MPa com máximo vento (ver planta geral das fundações).

Esses pilares, com seção de concreto de 124 x 90 centímetros e resistência 50 MPa, são distanciados de 7,5 metros e interligados por vigas de 60 x 80 centímetros (ver planta do pavimento tipo). As lajes são lisas para facilitar a distribuição dos escritórios com espaços flexíveis, protendidas, com concreto de 35 MPa e 21 centímetros de espessura.

Foram adotados cabos engraxados de protensão, vencendo vãos de 10 a 13,5 metros, com quatro cordoalhas de ø 14,5 milímetros e tensão de escoamento de 1710 MPa, associados com armadura passiva de aço CA-50.

O comportamento dinâmico da estrutura mostrou a existência de um deslocamento horizontal de 16 centímetros no topo do edifício (H/1000). No modo fundamental de vibração a freqüência foi de 0,15 Hz, e a máxima aceleração do pavimento mais elevado, para um período de recorrência de 10 anos, foi de 6/1000 g.

A fachada chanfrada na parte superior provocou o aparecimento de pequenos deslocamentos e importantes esforços horizontais facilmente absorvidos pelo comportamento tridimensional do pórtico.

A fundação do núcleo é constituída por um só bloco de 28 x 28 metros e espessura de 4 metros, para suportar pilares com cargas de 22 mil a 65 mil kN (carga total de 621 mil kN!!!). O grande volume de concreto no bloco (2700 m³) exigiu cuidados especiais para combater o elevado calor de hidratação, com o uso de gelo substituindo parte da água de amassamento e usando concreto de resistência baixa (20 MPa).

Foram consumidos na estrutura 93 mil m³ de concreto e 9700 t de aço.

Pavimento tipo com os 20 pilares periféricos (revista SEI, fevereiro de 1999).

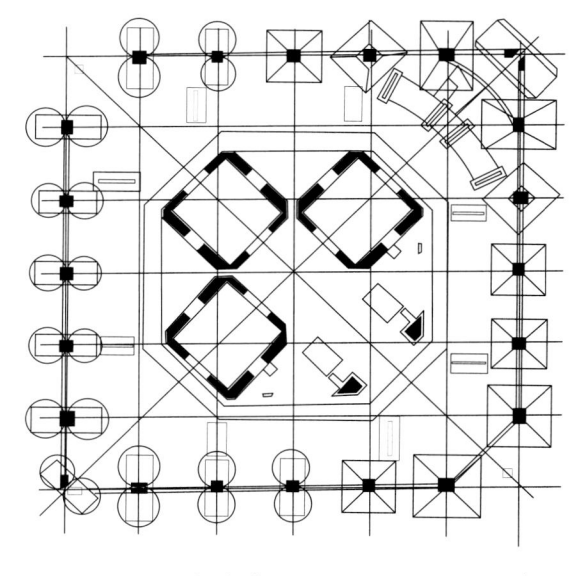

Planta geral das fundações (revista SEI, fevereiro de 1999).

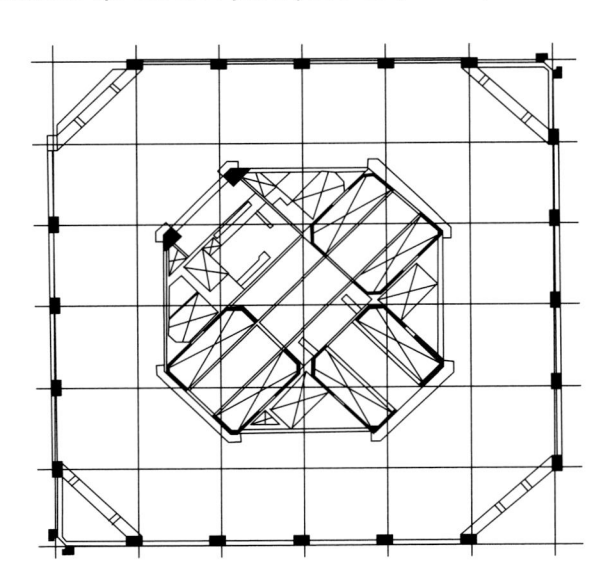

Edifícios para Uso Misto

Edifício Copan

Conjunto Nacional

Rio Sul Center

Edifício Copan

Oscar Niemeyer (arquitetura); **Tietz & Moura Abreu** (estrutura); São Paulo, 1951

Entre uma verdadeira floresta de edifícios, emerge a silhueta sinuosa e grandiosa do Edifício Copan, considerado uma das principais obras de arquitetura e um dos símbolos da cidade de São Paulo, não apenas por suas grandes dimensões e forma curva marcada pelos *brise-soleil* horizontais de concreto, mas também por ser um dos primeiros edifícios projetados com caráter de habitação verticalizada, coerente com os princípios modernistas estabelecidos por Le Corbusier.

O projeto inicial do Copan previa dois blocos: um residencial e outro destinado à atividade de hotelaria, implantados de frente para a avenida Ipiranga, contando ambos com infra-estrutura de serviços, lazer, comércio e garagens.

O hotel não foi executado, pois na década de 1970 foi construído em seu lugar um edifício destinado a atividades bancárias. Portanto, o que conhecemos como Copan é um grande bloco residencial dotado de galerias de lojas no pavimento térreo, cujo piso acompanha a declividade da rua. Através delas se atinge o hall dos elevadores, que atendem às diferentes alas do edifício.

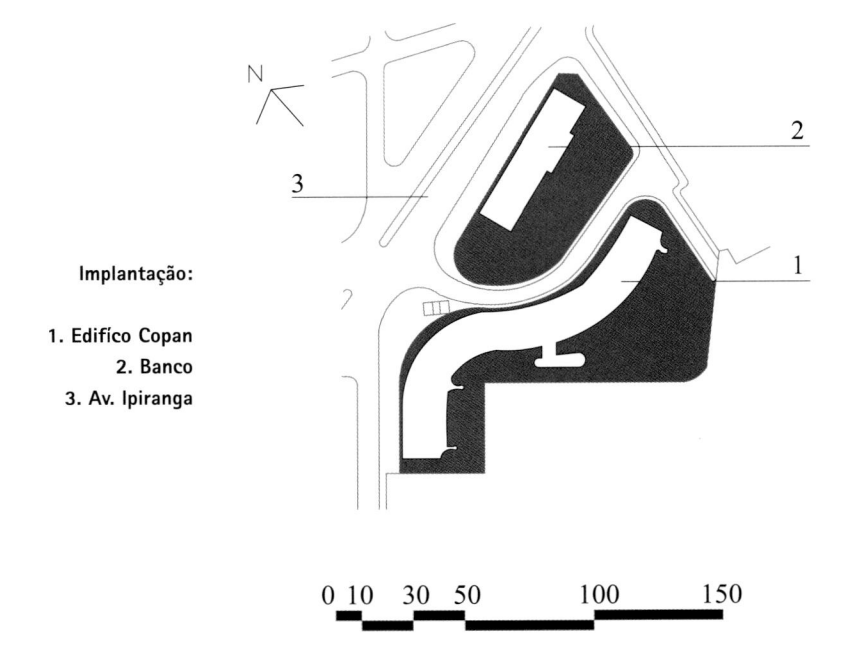

Implantação:

1. Edifíco Copan
2. Banco
3. Av. Ipiranga

0 10   30 50   100   150

Conjunto Nacional

David Libeskind (arquitetura); **Arthur Luiz Pitta** (estrutura); São Paulo, 1955

Projeto de grande vulto, sucedeu uma residência *art nouveau*, com projeto de Victor Dubugras, que ocupava toda a quadra ladeada pela avenida Paulista, a rua Padre João Manoel, a alameda Santos e a rua Augusta.

Com área construída de 150 mil m², é destinado a múltiplos usos: estacionamento em três subsolos, com 30 mil m², quatro andares de lojas, com 40 mil m², terraço turístico com piscina, salões de ginástica, restaurantes, auditórios e jardins, com 10 mil m².

Acima do terraço, o edifício está dividido em dois blocos: escritórios e apartamentos, formando um conjunto com 25 andares acima do embasamento, com fundações cerca de 47 metros abaixo do nível do terraço.

As galerias no pavimento térreo, onde se situam agências bancárias, cinemas, restaurantes e lojas, são abertas ao público, e por lá circulam milhares de pessoas por dia.

O Conjunto Nacional encontra-se hoje em excelente estado de conservação, sendo ponto de referência de uma das mais tradicionais avenidas da cidade de São Paulo, a avenida Paulista.

As fundações, cujo consultor foi o engenheiro Sigmundo Golombeck, em tubulões a céu aberto, têm as seguintes dimensões: diâmetro dos tubulões, 3,5 metros, comprimento, 12 metros, e alargamento da base de diâmetro, 7 metros.

O bloco principal está apoiado em um teto de transição com 3,5 metros de altura, sustentado por pórticos ortogonais de duas colunas cada um, transferindo aos tubulões 6500 toneladas em cada coluna. Foi realizada prova de carga no nível da superfície da base alargada dos tubulões, tendo como reação o empuxo passivo na superfície interna do cone de alargamento do tubulão.

Digno de nota, é a rampa helicoidal de acesso aos jardins do terraço, coroada pela cúpula transparente.

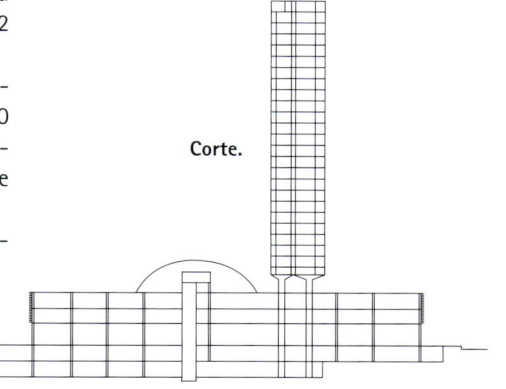

Corte.

Rio Sul Center

Ulysses Burlamaqui e **Alexandre Chan** (arquitetura);
Projectum Engenharia (torre) e **Seebla** (embasamento); Rio de Janeiro, 1975

Situado sobre embasamento destinado a estacionamento e um shopping center, a torre do Rio Sul Center abriga também escritórios, e é resultado de projeto vencedor de um concurso privado.

O bairro de Botafogo, intensamente movimentado, favorece a afluência diária de público residente na região e nas suas imediações, e de visitantes, de tal forma que, para permitir o fluxo ordenado de veículos de passageiros e táxis, todo o sistema viário do entorno foi devidamente adaptado.

O sistema estrutural compõe coerentemente as quatro fachadas do bloco, contando com oito apoios situados no perímetro da planta, e um núcleo central que reúne escadas, elevadores, sanitários etc. Os apoios estão ligados por treliças de concreto protendido, situadas em pavimentos alternados, que além da função estrutural auxiliam visualmente a composição das quatro fachadas do imenso edifício.

Residências

Casa Modernista

Casa do Arquiteto – João Batista Vilanova Artigas

Casa das Canoas

Casa do Arquiteto – Marcos de Azevedo Acayaba

Residência Vicente Izzo

Casa Modernista

Gregori Warchavchik (arquitetura); São Paulo, 1927

O arquiteto russo Gregori Warchavchik, nascido na Ucrânia em 1896 e formado em Roma, viaja para o Brasil em 1923 com seus ideais modernistas, e, contagiado pelo fervor que na década de 1920 aqui se irradiava, proveniente da Semana de 22, projetou talvez a sua mais importante obra, a casa da rua Itápolis, no Pacaembu, inspirada no racionalismo europeu.

Dessa vez seria apresentado algo mais, além de arquitetura: a Exposição da Casa Modernista em 1930 (que durou cerca de um mês), na qual seriam expostos os valores aplicados à arquitetura de uma maneira até então nunca vista, uma vez que o conjunto da obra transpirava modernismo: a casa em si, o paisagismo, seus móveis, seu interior em geral, tudo seguindo o conceito de *Gesamtkunstwerk*, ou obra de arte total.

Para isso eram seguidos alguns preceitos, como a utilização de linhas verticais e horizontais, que ressaltam ângulos retos, a redução máxima de ornamentos (só eram empregados quando realmente possuíssem uma função), a exploração e a aplicação de novos materiais, como ferro, vidro e concreto armado.

Tendo essas linhas de produção em mente, Warchavchik desenhou também o mobiliário, as luminárias, as janelas e as portas. As linhas retas e o forte contraste estabelecido entre as cores do ambiente, aliados ao emprego da cor prata no mobiliário, davam o tom "futurista" ao conjunto da obra.

Houve colaboração de inúmeros artistas para fazer com que a casa respirasse uma atmosfera modernista: desde pinturas de Tarsila do Amaral, Lasar Segall e Anita Malfatti, passando por esculturas de Victor Brecheret e Menotti Del Picchia e várias outras obras de personalidades da época, até saraus de Alcântara Machado, Graça Aranha, Guilherme de Almeida, Mário de Andrade, Oswald de Andrade, Jorge de Lima e Manuel Bandeira. O imprescindível era integrar a arquitetura de interiores ao projeto arquitetônico.

Sua mulher, Mina Klabin, empregou no jardim, pela primeira vez, elementos florais nativos do Brasil, como o cáctus, símbolo do Tropicalismo, em um momento em que a elite da sociedade da época apreciava, preferencialmente espécies de origem européia.

É verdade que a casa não agradou a todos, mas sem dúvida foi um marco para a nossa arquitetura e também elemento-base para inúmeros estudantes, futuros bons arquitetos e, mais, uma das poucas e melhores demonstrações de uma arquitetura que cultivava os ideais antropofágicos: conhecer e explorar outras raízes para assim aplicá-las de modo não alienado à nossa realidade.

Plantas do Térreo e do primeiro pavimento:

1. Sala de estar
2. Sala de jantar
3. Varanda
4. Cozinha
5. Quarto
6. Banheiro
7. Hall

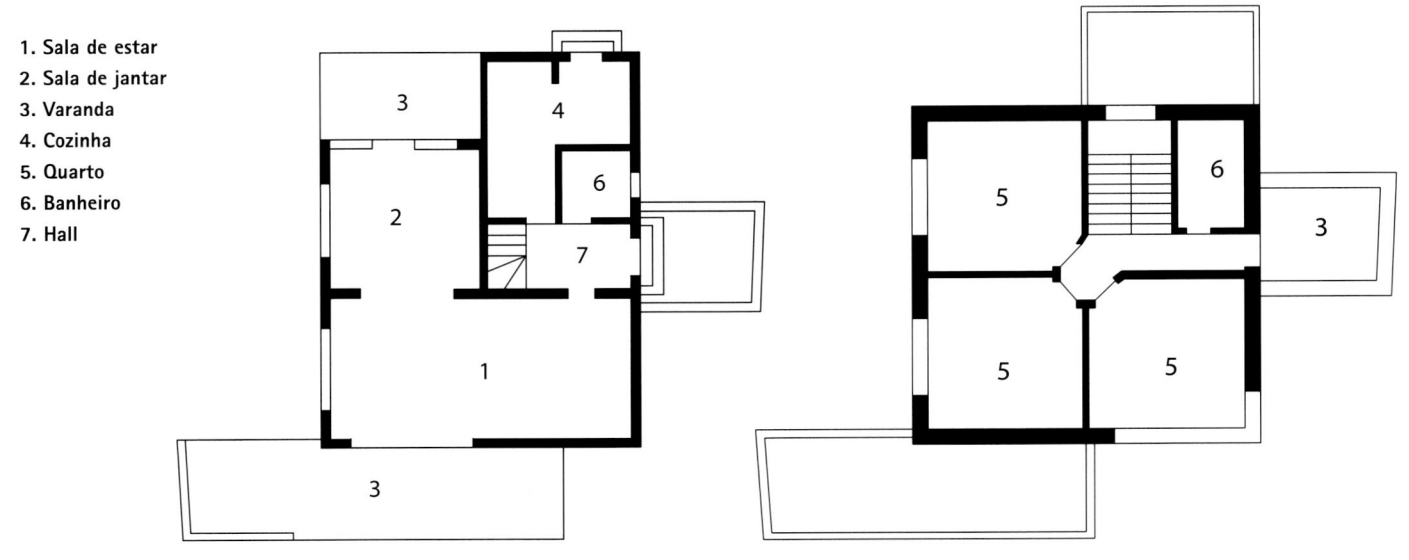

Casa do Arquiteto - João Batista Vilanova Artigas

João Batista Vilanova Artigas (arquitetura e estrutura); São Paulo, 1949

Nesta residência, atendendo a um programa familiar bastante simples, Artigas resolve a planta brilhantemente, isolando o setor íntimo do estar através do núcleo central de serviços, que inclui dois banheiros e cozinha, em contraponto com o bloco menor da lareira e armários.

Tendo em vista a fluidez do espaço, a solução da planta, atendendo a um programa compacto, representou um avanço considerável para os padrões da época. A cobertura em "asa de borboleta" permitiu, por outro lado, a acomodação do estúdio passível de acesso através de escada, sobre o terraço, e a disposição do abrigo em ângulo em relação ao bloco principal, marcando de forma indelével a composição dos volumes.

É grande a sensação de aconchego que sentimos ao visitá-la pela primeira vez. A casa realmente funciona!

De acordo com Artigas, os materiais utilizados são comuns à maioria das construções no Brasil: concreto, tijolo e vidro. No entanto a pigmentação do piso cimentado com óxido vermelho de ferro e o tijolo aparente constituem um ensaio para experiências posteriores realizadas nos anos 1970, envolvendo a cor como elemento auxiliar de composição arquitetônica.

Em tempo: Artigas é o responsável pelo projeto arquitetônico e estrutural desta casa, e de uma outra muito semelhante em dimensões e de igual partido, construída na mesma época para o médico Mário Taques Bittencourt, no bairro do Sumaré em São Paulo.

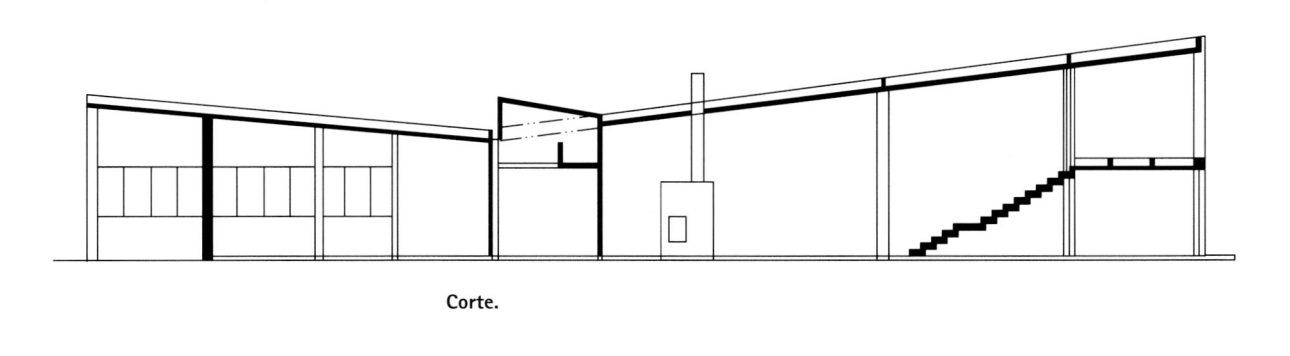

Corte.

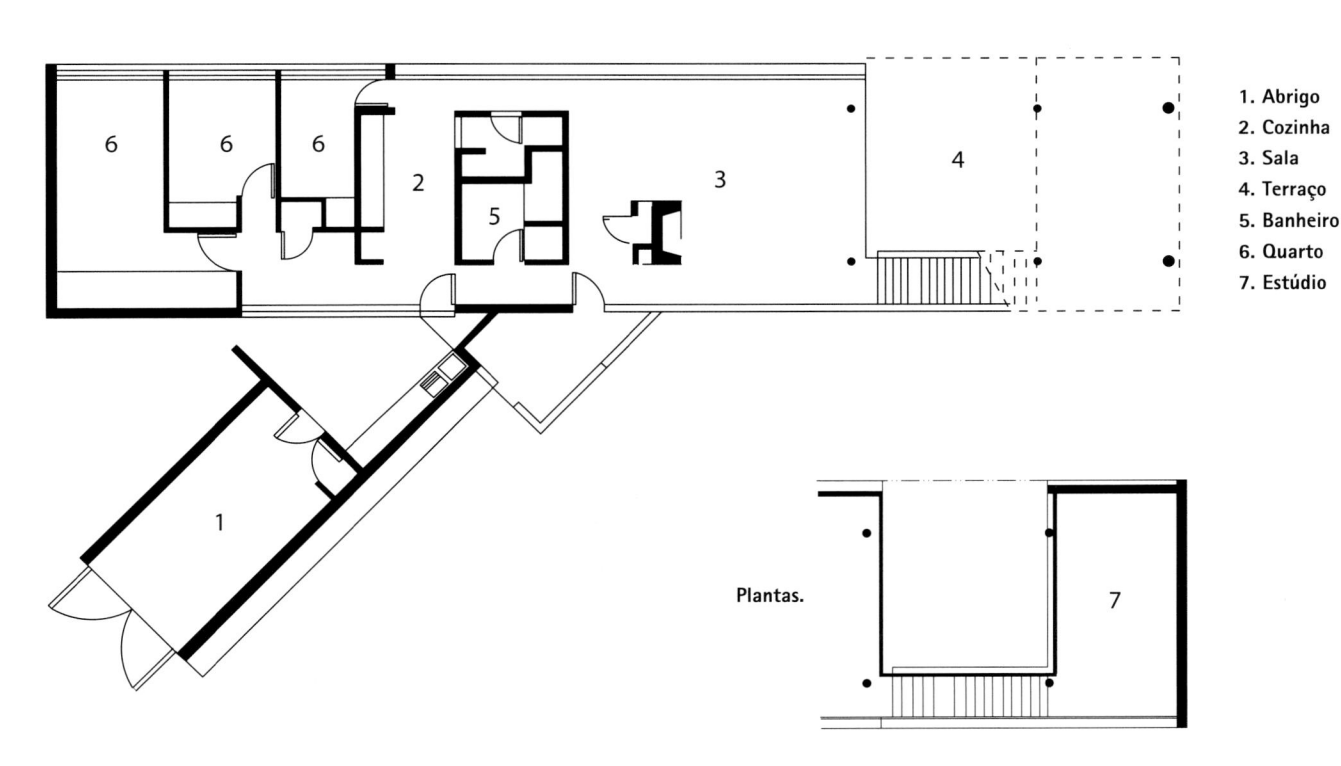

Plantas.

1. Abrigo
2. Cozinha
3. Sala
4. Terraço
5. Banheiro
6. Quarto
7. Estúdio

Casa das Canoas

Oscar Niemeyer (arquitetura); **Joaquim Cardozo** (estrutura); Rio de Janeiro, 1953

Não se sabe se esta casa nasceu ali, junto com a floresta, e portanto sempre fez parte da natureza, ou se a mão abençoada do arquiteto desenhou uma forma tão integrada com a vegetação exuberante que quase não parece uma casa...

O programa diluído nas linhas curvas do seu traçado acomoda o estar e o serviço ao nível da entrada, ao passo que os dormitórios construídos no nível inferior situam-se de frente para a vista privilegiada do oceano.

A curva da grande laje plana de cobertura, apoiada em pilares esbeltos, se confunde com o relevo natural. Um bloco imenso de granito faz a ligação interior-exterior, reforçando o papel da natureza.

A obra se completa com uma escultura de Alfredo Ceschiatti, à beira da piscina.

Eis como Niemeyer fala sobre o seu projeto:

"Minha preocupação foi projetar essa residência com inteira liberdade, adaptando-a aos desníveis do terreno, sem o modificar; fazendo-a em curvas, de forma a permitir que a vegetação nela penetrasse, sem a separação ostensiva da linha reta. E criei para as salas de estar uma zona em sombra, para que a parte envidraçada evitasse cortinas e a casa ficasse transparente como preferia."

(Revista Módulo, jun.-jul.-ago. 1976, n° 43)

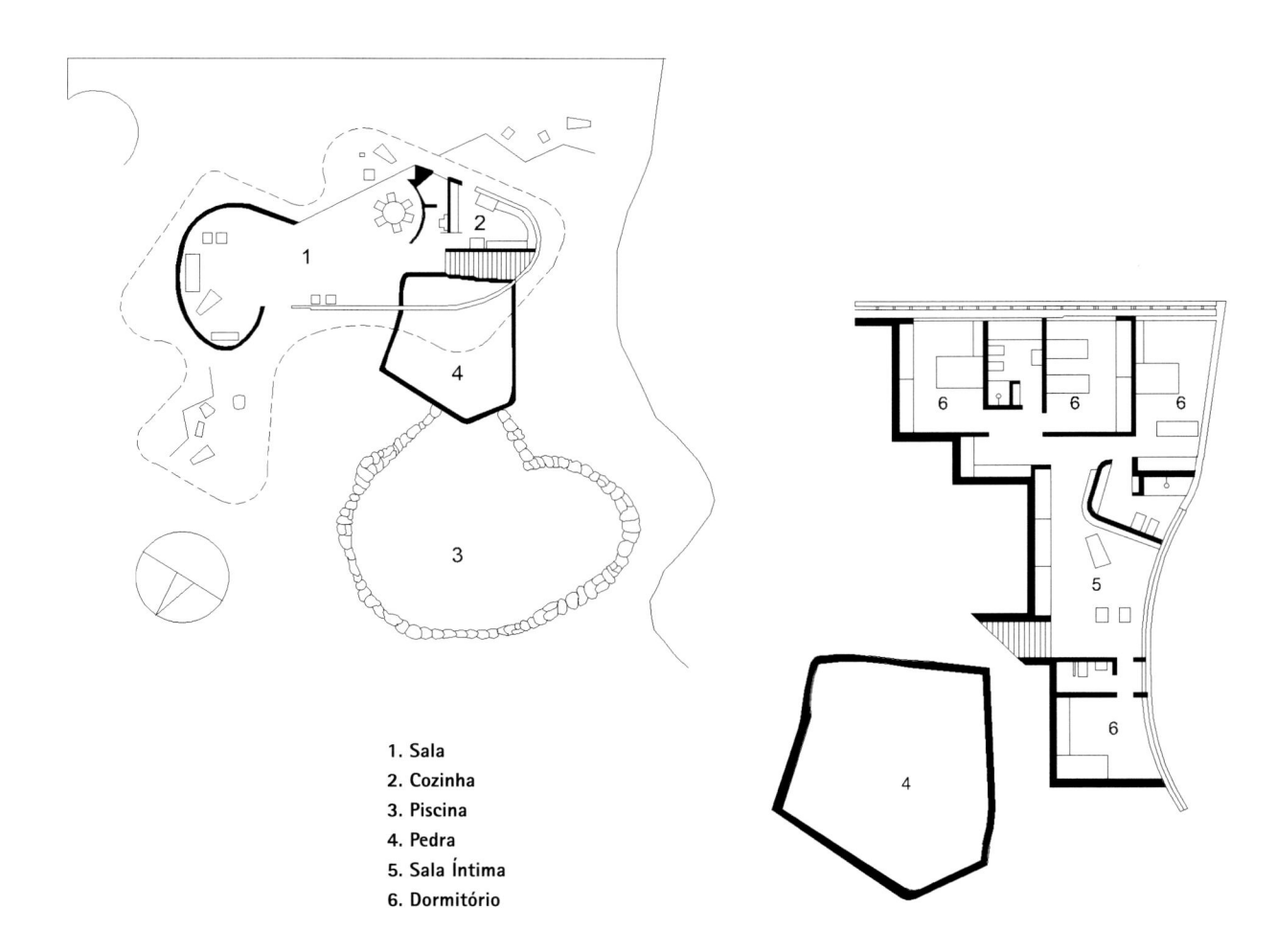

1. Sala
2. Cozinha
3. Piscina
4. Pedra
5. Sala Íntima
6. Dormitório

Casa do Arquiteto – Marcos de Azevedo Acayaba

Marcos de Azevedo Acayaba (arquitetura); **Escritório Tedeschi & Ogata** (estrutura); São Paulo, 1973

Solução feliz e originalíssima para uma residência unifamiliar, constituída de casca de concreto armado com quatro apoios. A estrutura é de grande eficiência e extrema simplicidade e leveza, construída de forma a permitir o aproveitamento do terreno em três níveis: garagem e serviços no inferior, estar, integrado à piscina e ao jardim no intermediário, dormitórios no nível mais elevado.

Digna de observação é a proporção equilibrada do conjunto, considerando as relações entre largura, comprimento e altura total do edifício, o que demonstra claramente a possibilidade de viver em ambientes aconchegantes, independentemente da "suposta frieza" do material estrutural.

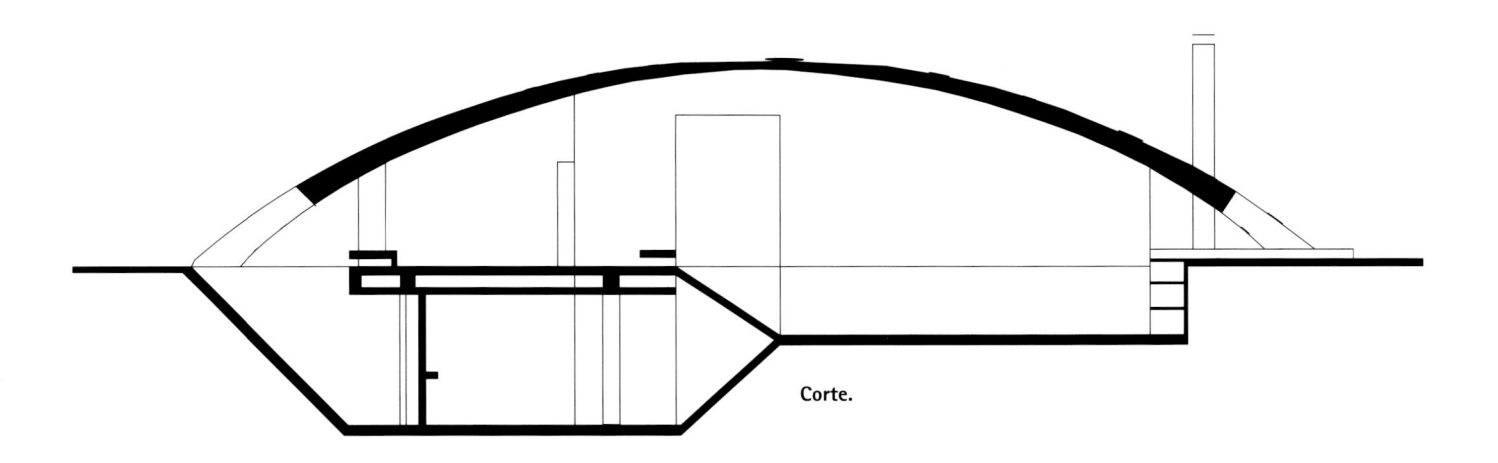

Corte.

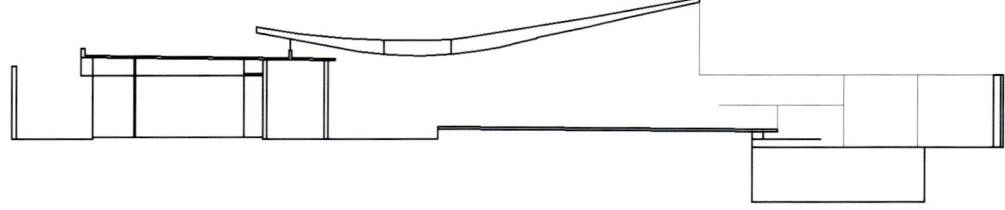

Planta e corte longitudinal.

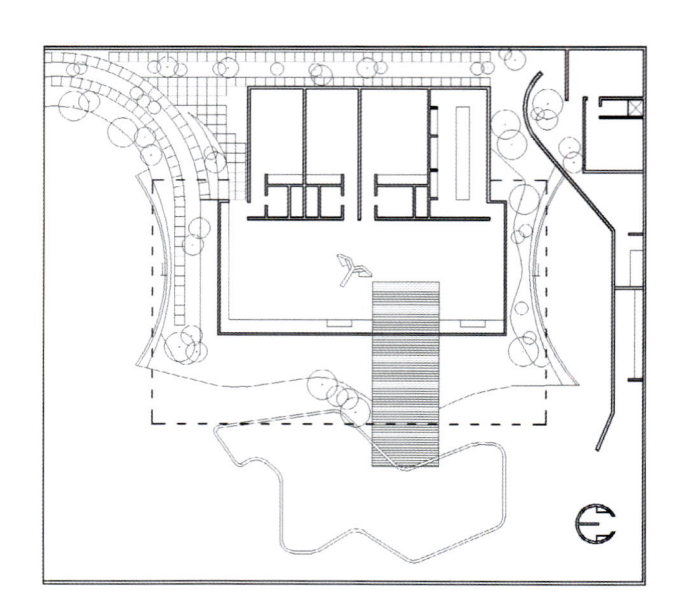

Residência Vicente Izzo

Francisco Petracco (arquitetura); **Ugo Tedeschi** (estrutura);
Guarujá, São Paulo, 1974

"O passado é para ser respeitado, e não para se copiar."
MÁRIO DE ANDRADE

Na maior parte das vezes, frases curtas e diretas, como a acima, realizam em pouquíssimas palavras a síntese de todo um pensamento. O mesmo se pode dizer do croquis:

Se a maioria das casas construídas lembra o presente, e em alguns casos até o passado, a residência Vicente Izzo preconiza o futuro.

Em um gesto de arrojo e liberdade, o traço do arquiteto transforma o artefato costumeiramente utilizado para oferecer abrigo, em escultura apoiada no terreno, oferecendo luminosidade, sombra, aconchego e uma leve sensação de termos sido transportados em linha reta na direção do futuro.

Verdade é que a residência particular no Brasil evoluiu consideravelmente, graças à extrema competência de alguns dos nossos arquitetos, e sobretudo devido ao avanço da técnica, neste caso o concreto armado.

Ao contrário das primeiras casas construídas no período colonial, austeras e introspectivas com suas tímidas varandas em telha vã e janelas com verga, ombreiras e peitoril de madeira, às vezes de pedra, as casas modernas abrem-se para a paisagem, favorecendo através da transparência do vidro o contato direto com a luz do sol e o vento, componentes indispensáveis de uma vida saudável também em residências urbanas.

No entanto, mesmo alicerçados pelas possibilidades que a moderna técnica construtiva proporciona, faz-se necessária aos arquitetos uma dose de alta sensibilidade para harmonizar a forma e a função, fazendo, como neste caso, o material dobrar-se, literalmente falando, ao desenho do arquiteto, e refletindo a pureza estrutural como característica marcante da nossa arquitetura.

A cobertura é formada por uma grande laje nervurada apoiada em seu intradorso, que corresponde à linha média da planta, por somente três pilares. A eles se contrapõem os tirantes ancorados nas fundações, em igual número, de modo a impedir a rotação em torno do eixo da estrutura em vista do grande balanço.

Nas palavras de Francisco Petraco, a composição arquitetônica, assim como a composição musical ou poética, tem sempre uma fonte inspiradora:

"Quando meninos, atravessávamos a Enseada no caminho do Costão das Tartarugas, e nos recordamos de uma grande praia margeada por dunas e recortada por vários riachos. Pensamos então um grande toldo, uma duna suave, um meandro d'água e o sol..."

Edifícios Religiosos e Monumentos

Igreja de São Francisco (Pampulha)

Catedral de Brasília

Estátua do Cristo Redentor

Monumento Nacional aos Mortos da Segunda Guerra Mundial

Igreja de São Francisco (Pampulha)

Oscar Niemeyer (arquitetura); **Joaquim Cardozo** (estrutura); Belo Horizonte, 1942-1943

A Igreja de São Francisco de Assis fica no bairro da Pampulha, em Belo Horizonte, e passou a ser mais conhecida pelo nome do bairro.

A obra foi executada na gestão do então prefeito de Belo Horizonte, Juscelino Kubitschek de Oliveira. Para criá-la, ele escolheu um arquiteto ainda pouco conhecido, Oscar Niemeyer, que havia iniciado sua carreira com o projeto do Ministério da Educação e Saúde no Rio de Janeiro.

Pela primeira vez Niemeyer explora as possibilidades plásticas do concreto armado, desenhando uma igreja de linhas sinuosas, coerente com suas idéias: "Não é a linha reta que me atrai...".

O projeto estrutural foi obra do engenheiro pernambucano Joaquim Cardozo, o braço direito de Niemeyer, que só nele confiava. De fato, Cardozo nunca dizia que aquilo que Niemeyer havia projetado era impossível de ser executado por contrariar as normas de concreto. Tal afirmação irritava de tal forma o espírito inovativo de Niemeyer que ele nunca mais voltava a procurar quem assim se exprimisse. Cardozo via o projeto com olhos de artista e aplicava toda a sua intuição para tornar realidade aquelas idéias. Poder-se-ia até mesmo afirmar que a idéia havia sido de Niemeyer, mas a sua transformação em projeto executivo era toda de Cardozo, que nunca aparecia. Para isso, Cardozo tinha de abandonar certas exigências de desempenho da estrutura, dando ênfase à estabilidade e à segurança da obra. Graças a esse espírito liberal, Niemeyer conseguiu realizar a maior parte de suas ousadas concepções, que tanto tornaram conhecidas suas inovações em todo o mundo.

O conjunto da Pampulha de 1942-1943 marcou época na arquitetura brasileira. É constituído de cinco edifícios, sendo a igreja um deles. Bruant descreve cada um dos edifícios em sua obra *Arquitetura Contemporânea do Brasil*.

A cobertura da igreja é constituída de quatro cascas. Aparentemente, essas cascas seriam cilíndricas. Na realidade, a maior, da fachada Norte, é um conóide, pois as laterais não são paralelas. As superfícies são geradas por retas que se apóiam em duas parábolas. A parábola da fachada Norte possui 16 metros de vão e flecha de 9,35 metros; a espessura da casca é de 30 centímetros nas impostas e 20 no fecho. Na outra extremidade as respectivas medidas são 9,6 e 6,5 metros, com as mesmas espessuras.

No sentido longitudinal foram previstas duas juntas de dilatação, sendo as distâncias a partir da fachada Norte 11,10 - 4,21 - 3,64 metros (comprimento total da casca = 18,96 metros). Na borda interna foi previsto um engrossamento para 64 centímetros para arremate e para superposição do prolongamento da casca, com 30 centímetros de folga entre as duas. As outras três cascas são cilíndricas, com espessura de 15 centímetros.

A laje do coro, com 35 centímetros de espessura, está apoiada na frente em dois pilares simétricos de 25 centímetros de diâmetro, distantes 3,68 metros entre si. Nos fundos os pilares são de 8 centímetros de diâmetro. Tem-se a impressão de um superdimensionamento, talvez por carência de meios apropriados de cálculo.

A marquise frontal de abrigo, com planta retangular de 3,1 x 17,4 metros, tem espessura de 30 centímetros. Essa laje foi armada como contínua, não obstante receber apoios somente nas bordas, em vergalhões dobrados de 64 milímetros de diâmetro.

Qual é a estrutura das cascas contínuas da região dos fundos?

Não existe, pelo exame dos desenhos, uma definição bem esclarecida dos apoios das cascas. Tem-se a impressão de que se apóiam nas paredes onde existem os azulejos de Portinari e em outra parede paralela. Pelas armaduras existentes não se chega à conclusão clara e defensável.

1. Fachada norte: venezianas verticais formam o "brise-soleil"
2. Laje de concreto apoiada em 4 pilares e nas laterais da casca
3. Escada de acesso ao coro
4. Piso de entrada, denominado "nartex"
5. Batistério
6. Nave
7. Via-sacra (Portinari)
8. Púlpito
9. Capela-mor
10. Mural de Portinari
11. Sacristia (secretaria)
12. Corredor (sacristia)
13. Fachada sul, não visível, com azulejos de Portinari
14. Laterais externos, com azulejos de Portinari
15. Na parte frontal, não representada, há uma torre (campanário) e um abrigo com laje inclinada de concreto armado

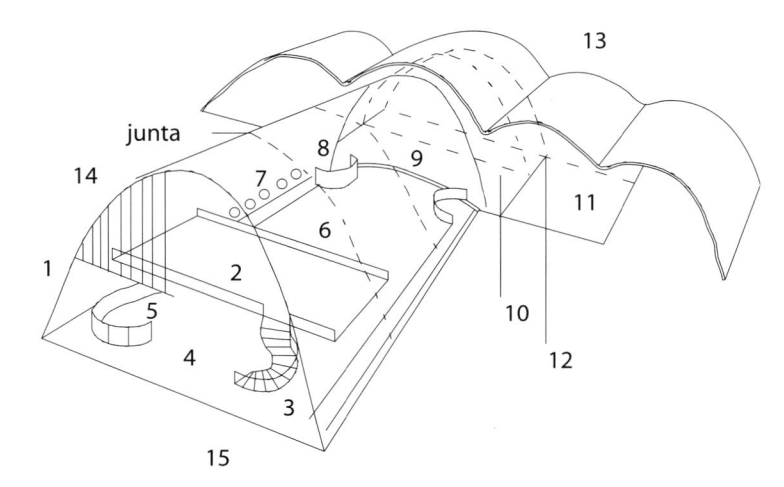

Perspectiva axonométrica.

Catedral de Brasília

Oscar Niemeyer (arquitetura); **Joaquim Cardozo** (estrutura); Brasília,1967

No extremo oposto às austeras catedrais medievais está a Catedral de Brasília, simbolizando o gesto singelo das mãos erguidas ao alto em atitude de prece.

Seus vitrais — não mais envolvidos por arcos góticos, mas agora separados pela estrutura — filtram a luz suave favorecendo a introspecção e o recolhimento, em uma das obras mais bonitas e mais simples da nossa arquitetura, e também de maior repercussão em todo o mundo.

O cálculo de Joaquim Cardozo nunca foi divulgado, e no primeiro volume de *O concreto no Brasil*, num desabafo, foi feita a declaração de que todos os esforços em conseguir, naquela época (1984), alguma informação sobre as estruturas de Brasília resultaram em fracasso. Alguém que leu o livro ajudou a conseguir dados que eram guardados sigilosamente, e durante uma visita a Teresina, no Piauí, surgiram cópias das plantas de concreto armado preparadas por Joaquim Cardozo, sem a sua assinatura e com os dizeres sumários D.A.U. — NOVACAP — Concreto. Sem data, sem indicação da resistência do concreto ou do tipo de aço, sem mais nada. Entretanto, nas seções transversais, a distribuição das barras de armadura foi indicada com minúcias.

A estrutura é constituída apenas de 16 pilares curvos, de seção quase triangular, oca. A seção transversal na base é maciça, com a forma de um quadrilátero constituído de dois triângulos ligados pela base comum de 65 centímetros, um com altura de 20 centímetros e outro com 50 centímetros.

Do ponto de vista estático, essa seção foi considerada uma articulação, não obstante a armadura de 76 ø 1"(provavelmente aço CA-50), correspondente a 16% da seção. Nos primeiros 7,4 metros o eixo é reto e maciço. Desse ponto em diante, a seção é vazada com um vazio em forma de trapézio, deixando paredes laterais com 15 centímetros de espessura.

O diâmetro máximo da planta na base possui 60 metros (eixo). Na altura de 20,4 metros a partir do piso o diâmetro é mínimo, e os pilares se encostam uns nos outros. Uma viga embutida de seção 22 x 90 centímetros, não percebida externamente, serve de ligação entre os pilares, dando rigidez ao conjunto. Nesse ponto a seção dos pilares é máxima, com altura de 2,05 metros e largura máxima de 2,58 metros. O diâmetro no ponto de encosto se reduz ao mínimo de 26,28 metros. Daí para cima, os pilares se afastam do eixo chegando à altura de 30,6 metros, com diâmetro externo de 22,6 metros.

Na altura de 20,4 + 4,85 = 25,25 metros existe uma laje de cobertura de 20 centímetros de espessura. Um furo no centro, com diâmetro de 3,1 metros, é coberto com uma laje esférica de 4 centímetros de espessura e raio interno de 6,15 metros. Os últimos 4,1 metros são maciços e de eixo reto.

Os 16 pilares se apóiam numa viga circular de 200 x 50 centímetros, armada em cima e embaixo com 40 ø 1". Essa laje funciona como um grande tirante e se prolonga para o centro da igreja, com uma estrutura em grelha em forma de coroa circular de módulo 100 x 100 centímetros. A distância entre os pilares na base é de 11,8 metros, do que resultam grandes panos de janelas. A solução do fechamento desses panos constituiu um grande problema construtivo, pois não havia como produzir painéis de vidro, curvos, com essas dimensões, e Niemeyer não aceitava a divisão com caixilhos, o que desvirtuaria a sua concepção de entrada de luz.

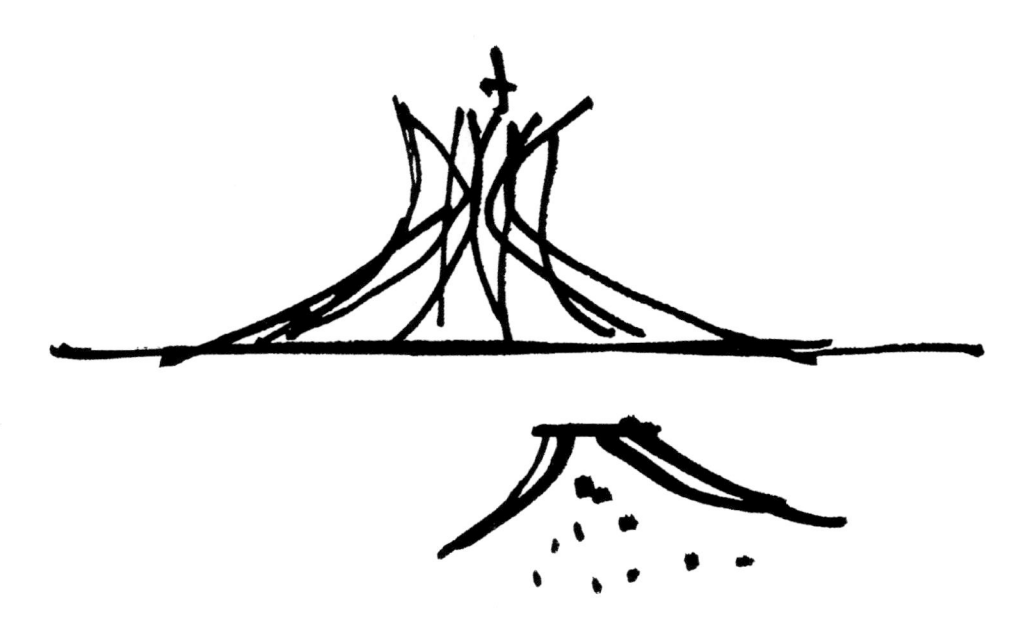

Oscar Niemeyer: uma lição de arquitetura (**Eduardo Corona, Cosac Naify, 2003, p.121**).

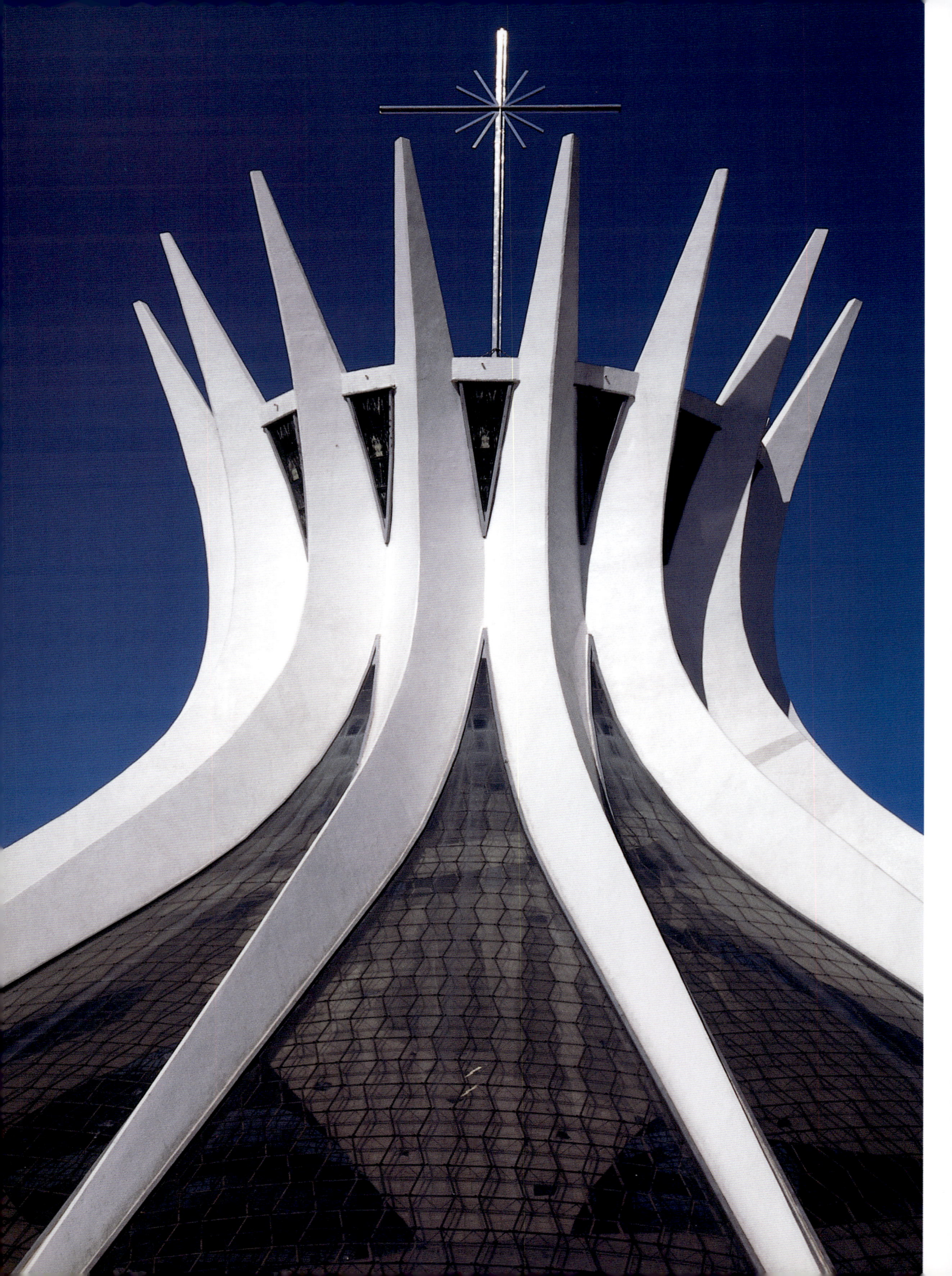

Estátua do Cristo Redentor

Heitor da Silva Costa (arquitetura); **Bureau d'Études Pelnard, Considère & Caquot** (estrutura); Rio de Janeiro, 1931

Uma das estátuas de conhecimento mundial é a do Cristo Redentor, no alto do morro do Corcovado, símbolo da cidade do Rio de Janeiro. A idéia da construção de um monumento com as feições de Jesus Cristo no topo do Corcovado foi primeiramente sugerida em 1859 pelo padre lazarista Pedro Maria Boss, que faleceu sem ver a obra realizada. A idéia foi relançada em 1921 pelo general Pedro Carolino, em reunião no Centro Nacionalista, tendo em vista as comemorações do Centenário da Independência do Brasil, que ocorreria no ano seguinte. Para esse fim foi organizado um concurso, do qual participou e saiu-se vencedor o engenheiro Heitor da Silva Costa.

Silva Costa disse que se inspirou na estátua de cobre de São Carlos Borromeu em Arona, junto ao lago Maggiore, na Itália, que havia visitado em 1912.

A estátua *art déco* possui uma altura de 30 metros, sendo na época a mais alta do mundo em concreto armado, e está assentada sobre um pedestal de 8 metros. Embora o projeto de Silva Costa tenha sofrido várias modificações, foi mantida a idéia original de um Cristo de braços abertos, sem nada nas mãos. Paul Landowsky, membro do Instituto de França e condecorado com o mérito da Legião de Honra, foi o escultor procurado para realizar a obra, embora a escolha tenha sido combatida por religiosos pelo fato de Landowsky ser de origem judaica.

Os cálculos estruturais foram feitos na França pelo escritório Bureau d'Études Pelnard, Considère & Caquot, em obediência à Circular Ministerial Francesa de 20 de outubro de 1906.

Pode-se comparar dois dedos da estátua com o tamanho de uma pessoa. Tal comparação procura dar a idéia do tamanho da estátua, que só perdia, em estrutura metálica, para a Estátua da Liberdade, localizada na ilhota Bedloe, na entrada de Nova York, com 46 metros de altura e construída em 1886. Atualmente parece que existe uma estátua de Buda, também de concreto armado, maior ainda do que o Cristo Redentor.

O Cristo, de autoria de Heitor da Silva Costa, foi inaugurado somente em 1931, depois de cinco anos de construção, com um custo cinco vezes menor do que o da Estátua da Liberdade.

Landowsky fez um modelo na escala de 1:7,5 com 4 metros de altura, e foram desenhadas na superfície do modelo redes de quadrículas de 10 x 10 centímetros no corpo e de 5 x 5 centímetros na cabeça e nas mãos. Essas quadrículas definiam o corte da estátua em placas que seriam executadas separadamente, para serem juntadas posteriormente na obra. Cada uma dessas placas, ampliada para a obra real, possuía uma espessura variável de 6 a 12 centímetros para a região da vestimenta e de 8 a 16 centímetros para a cabeça.

O concreto armado foi o material escolhido para a construção porque se acreditava dispensar qualquer manutenção. Toda a superfície das placas foi preenchida com material de acréscimo, ao invés de ser escavada, para que se conseguisse a forma adequada. A superfície assim obtida seria posteriormente preenchida com pastilhas triangulares de catetos de 2 centímetros, de pedra-sabão, capazes de dar melhor a impressão de tecido e agüentar o efeito

das intempéries. A espessura dessas pastilhas era de 7 milímetros e sua face inferior era ranhurada, para melhor aderir à argamassa da base.

Sua estrutura se parecia com a estrutura de concreto armado de um edifício: quatro pilares nos cantos de um retângulo de 3,8 x 2,6 metros na base formam uma torre contraventada a cada 4 metros por uma laje, sobre quatro vigas. As lajes ultrapassam o limite das vigas para formar o contorno, variável em cada andar, ajustado às dimensões do vestuário. Diagonais de concreto completam a estrutura, para melhorar a resistência ao vento. Numa época em que nem se pensava em levar em consideração o valor racional da ação do vento sobre uma estrutura, cabem aqui algumas referências. Foi considerado o efeito de turbilhão equivalente a uma força agindo num sentido sobre um dos braços com 88 m² de área exposta, e outra força agindo no sentido contrário sobre o outro braço. Resultou assim um momento de torção de 1500 kN.m, capaz de produzir uma força horizontal de 260 kN em cada coluna. O assunto foi levado à apreciação do Prof. Joaquim Blessmann, o maior especialista em vento do Brasil e conhecido no mundo todo por especialistas em ações aerodinâmicas. Ele fez o cálculo às avessas. Verificou qual a velocidade do vento que corresponderia à pressão admitida pelo escritório de Paris. Chegou ao valor de 50 m/s. Aplicando a última revisão das normas brasileiras NBR 6123 na data de seus cálculos, chegou ao valor a ser admitido em cálculos atuais de 51 m/s — a concordância é espantosa!!! Blessmann também aprovou o cálculo com a hipótese de turbilhões, chamando a atenção, entretanto, para o fato de que poderia existir torção mesmo na ausência de turbilhões, devida ao coeficiente aerodinâmico de torção.

Vista do Monumento Nacional aos Mortos na Segunda Guerra Mundial. Note que os pilares da torre estão por trás do grande balanço do primeiro plano. Sobre a plataforma elevada são vistas as três figuras humanas representando o Exército, a Marinha e a Aeronáutica, e também a escultura metálica de Castelli.

Monumento Nacional aos Mortos da Segunda Guerra Mundial

Marcos Konder Neto e **Hélio Ribas Marinho** (arquitetura); **Joaquim Cardozo** (estrutura); Rio de Janeiro, 1956

O monumento no Aterro do Flamengo dedicado à FEB – Força Expedicionária Brasileira é uma homenagem aos caídos durante a Segunda Grande Guerra, e resultou de um concurso em 1956, do qual saiu vencedora a proposta dos arquitetos Marcos Konder Neto e Hélio Ribas Marinho. A obra foi concluída em 24 de junho de 1960, depois de três anos do seu início.

O conjunto é visível à distância, destacando-se a leveza dos pilares que apóiam a cobertura, servindo de contraponto à horizontalidade do embasamento. Do ponto de vista plástico, este monumento recebeu Menção Honrosa na IV Bienal Internacional de São Paulo. Como obra de engenharia, a estrutura possui balanços enormes, cujas dimensões podem ser vistas no corte abaixo.

Acredita-se que a construção tenha sido a primeira aplicação do concreto aparente no Brasil. A obra compõe-se sobretudo de um mausoléu no subsolo, que abriga os restos mortais de brasileiros que perderam suas vidas no confronto. Além do mausoléu, com 468 jazigos, existem ainda o alojamento para o Corpo da Guarda, o Museu de Troféus e Relíquias e a Sala de Administração.

Na parte superior existe uma plataforma elevada com uma grande área não coberta, onde se vê um pórtico monumental de 36 metros de altura a que o povo apelidou "A Muleta", pela semelhança de forma. As três armas foram representadas por figuras humanas, que ficaram a cargo dos artistas plásticos Júlio Castelli Filho (escultura metálica dedicada à Aeronáutica), Alfredo Ceschiatti (granito dedicado ao Exército), e Anísio Medeiros (painel homenageando a Marinha).

Sob a plataforma elevada estão localizados o Túmulo do Soldado Desconhecido e o Fogo Simbólico.

Três figuras humanas representam as três armas. O espírito gozador do carioca logo tratou de botar-lhes apelido: Jadir, Zequinha e Jordan, integrantes da linha média do C.R. do Flamengo na época.

A torre, com dois pilares esbeltos de 36 metros de altura, é encimada por uma casca curva com 220 m², com curvatura voltada para cima, cujo formato sugeriu o apelido de "A Muleta". A estrutura da torre apresenta diversas novidades: um dos pilares mais esbeltos já executados em obras que não sejam pontes. A casca para cima constitui um desafio para um detalhamento correto da armadura, que precisa ser muito bem ancorada para não se retificar. A retilineidade de pilares finos, sem qualquer contraventamento intermediário, é o tipo de desafio para construtores não habituados a obras dessa natureza. O concreto aparente não permite interrupção da concretagem, para não deixar marcas nas formas com a mudança de volume do concreto após o início da pega; o escoramento sujeito a ventos fortes, em uma área exposta sem nenhuma proteção, constitui um problema adicional de construção. Não obstante todas essas dificuldades, a obra pôde atingir a meta dos seus idealizadores, com a textura das formas de madeira desenhada nas faces visíveis do monumento em todas as suas partes. Esse monumento é um dos mais visitados pelos turistas que vêm ao Rio para apreciar suas belezas naturais. Passando pelo aterro do Flamengo, a parada junto ao monumento é ponto obrigatório de visitação, lembrando sempre o apelido irreverente de Muleta... O cálculo da estrutura, realizado sem os recursos eletrônicos de hoje, foi feito manualmente em todas as suas peculiaridades pelo engenheiro Joaquim Cardozo, o preferido dos arquitetos por não criar embaraços ao deixar de respeitar muitas exigências das normas vigentes. Além de Joaquim Cardozo, participaram do projeto Samuel Rawet, Gino Usiglio, José Queiroz de Andrade, Agostinho Camargo Silva Filho e o arquiteto Hircio Fermo de Miranda. Várias empresas participaram da construção, da fundação até dos acabamentos: Geotécnica S.A., Estacas Franki Ltda., Cavalcanti Junqueira S.A., Impeco Ltda., J. Hausner, A. J. Ferreira Leal Ltda.

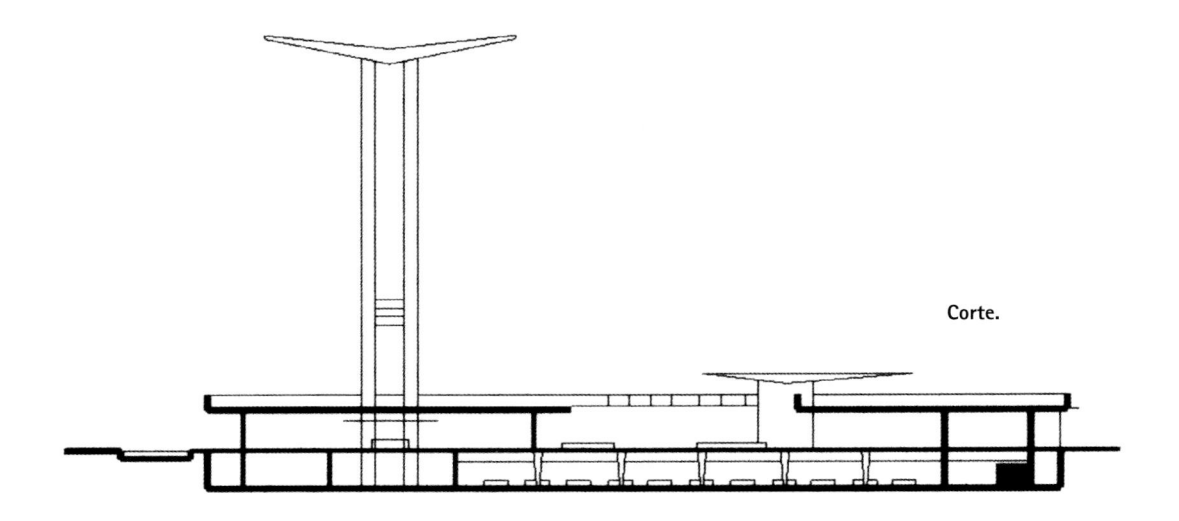

Corte.

Pontes

Ponte Maurício de Nassau

Ponte Emílio Baumgart (Ponte de Herval)

Ponte sobre o rio do Peixe

Segunda ponte sobre o rio das Antas

Ponte sobre o lago Paranoá

Ponte JK (ex-ponte Mosteiro)

Ponte Maurício de Nassau

Emílio Baumgart (estrutura); Recife, 1917

Esta chegou a ser a maior ponte de concreto armado do Brasil em 1917. No mesmo local, atravessando o rio Capiberibe, havia sido construída uma ponte de madeira pelos holandeses, substituída posteriormente por uma de ferro. Com o ar salino do Recife, logo ficou deteriorada pela corrosão. Em 1917 a ponte era chamada "Ponte Sete de Setembro", mas, atualmente, é conhecida como "Ponte Maurício de Nassau".

A ponte atual foi construída por Lambert Riedlinger, representante no Brasil da firma alemã Weiss & Freytag. Emílio Baumgart era nessa época estudante de engenharia no Rio de Janeiro e, como descendente de alemães, tinha fácil acesso, pela afinidade de idioma, às firmas alemãs instaladas no país. Foi assim que conseguiu estágio para aprender "na fonte" o concreto armado, e nem freqüentava as aulas na Escola Politécnica. Teve oportunidade de desenvolver, sob orientação de Riedlinger, diversos projetos. Quando a firma recebeu a incumbência de projetar a ponte Maurício de Nassau, Baumgart foi escolhido para calculá-la. Desenvolveu todo o projeto, que foi revisado por Riedlinger.

A ponte possui sete tramos, sendo o primeiro e o último com 12,5 metros e os demais com 30,6 metros. O comprimento total é de 178 metros, batendo o recorde de a mais longa ponte do Brasil naquela data. A largura total é de 16,5 metros, com uma pista de rolamento de 11,7 metros e dois passeios laterais de 2,4 metros.

No sentido longitudinal existem quatro longarinas de seção variável. Para conseguir lajes de 20 centímetros de espessura, Baumgart precisou introduzir seis transversinas intermediárias em cada vão, de 30,6 metros. Resultaram lajes de 3,5 x 4,12 metros.

Ponte Emílio Baumgart (Ponte de Herval)

Emílio Baumgart (estrutura); Santa Catarina, 1933

Esta ponte, uma relíquia nacional, não existe mais. Foi destruída em 1983 por uma enchente — não maior do que muitas que ocorreram em seus 50 anos de existência — causada pela construção de um prédio de quatro pavimentos a jusante. Esse prédio, quase encostado à ponte e avançando em direção ao rio, diminuiu a seção de vazão, afunilando o fluxo das águas e aumentando sua velocidade. As águas solaparam a fundação do apoio extremo da ponte, que era um tirante, provocando seu arrastamento. O prédio também foi destruído.

A ponte recebeu vários nomes. Começou como ponte de Herval, como foi divulgada no estrangeiro. Depois passou a ser conhecida como ponte sobre o rio do Peixe. Em seguida foi batizada com o nome de quem a concebeu e tornou famosa a engenharia brasileira de pontes no mundo: Emílio Baumgart. É a ponte brasileira mais citada em publicações alemãs, francesas e americanas. Foi recorde mundial de viga reta com 68 metros de vão em 1933.

A ponte se localizava junto à via férrea que corria paralelamente ao rio do Peixe, na cidade de Herval, em Santa Catarina. Foi construída para possibilitar a ligação entre Herval e o distrito de Joaçaba, do outro lado do rio, local de criadores de gado. O rio, dada a sua topografia, subia na ocasião das chuvas cerca de 11 metros em uma só noite.

Somente para mostrar a importância desta ponte no cenário internacional, cita-se aqui o fato de que os alemães, depois da guerra, na tarefa de reconstruir as pontes destruídas pelos bombardeios, desenvolveram para o concreto protendido (que ainda não era aplicado na época de Baumgart!) o processo de construção por balanços sucessivos.

No concreto protendido, esse processo era muito mais prático de aplicar do que no concreto armado, pois a protensão permitia a emenda dos cabos com grande facilidade. Tentaram então obter patente do processo, mas seu pedido foi embargado pelos franceses com o argumento de que era plágio. Lançaram mão da ponte de Herval em seus argumentos, acrescentando que essa ponte havia sido divulgada no Beton-Kalender de 1934 (a bíblia dos projetistas alemães até hoje!). Os alemães não poderiam declarar desconhecimento dessa ponte, pois havia sido divulgada no mundo inteiro e era recorde mundial de vão. Com isso os alemães não conseguiram a patente, e esse processo de construção de pontes em concreto armado ou protendido ficou liberado no mundo todo.

Na impossibilidade de executar a ponte sobre suportes no leito do rio, Baumgart imaginou o processo de construção em balanços sucessivos, que já era usado em estruturas de aço. Nesse processo, a ponte é iniciada simultaneamente pelas duas extremidades. Em cada etapa é concretado um trecho em balanço sobre a parte executada. Os vergalhões de aço eram emendados com luvas. O peso do concreto fresco era resistido pela própria forma de madeira. As tábuas que constituíam a forma eram separadas em três grupos defasados. Em cada etapa eram acrescentadas as tábuas que perfaziam 1/3 das formas laterais, ancoradas nos 2/3 das formas anteriores. As armaduras eram prolongadas e o concreto lançado. Era prevista uma elevação para compensar a flecha que resultava do acréscimo de vão e de peso em cada etapa.

O projeto das formas era tão minucioso como o projeto da própria ponte. Também no detalhamento das barras e de sua emenda, para não reduzir a seção resistente de aço com o corte das roscas, Baumgart introduziu algumas inovações, criando as chamadas "barbas", que evitaram o aparecimento de fissuras na região das paradas de concretagem. Tudo isso fez parte de minucioso detalhamento.

Na planta e na elevação de meia ponte (ver desenho), pode-se perceber que os apoios extremos são tracionados. Para realizar o equilíbrio, Baumgart previu, para cada uma das duas vigas, um peso de concreto suficiente para não deixar o apoio externo se levantar, mesmo quando o carregamento estivesse na pior posição. Vários dispositivos, visando ao acerto dos níveis quando as duas metades se encontraram no meio do vão, constituíram idéias geniais do projetista, que pensava em tudo o que poderia ocorrer e que pudesse ser evitado.

Vista da ponte poucos meses antes do desastre de 1983, do lado da via férrea, que corre paralela ao rio do Peixe (lado de Joaçaba).

Ponte sobre o rio do Peixe

Clodomir Ferro Valle (arquitetura e estrutura); Lindóia, São Paulo, 1938

Os projetos de pontes são interessantes porque a idealização do sistema estrutural pressupõe uma estreita e total relação com a forma. Esta ponte em arco triarticulado não foge à regra. São dois arcos paralelos de seção transversal retangular, vencendo um vão de 54 metros com tabuleiro intermediário.

Entre as articulações, o tabuleiro está atirantado ao arco através de pendurais espaçados a cada 2 metros. Em relação aos apoios dos arcos, uma situação curiosa: as fundações são diferentes nas duas margens; de um lado a fundação é sobre estacas, e, do outro, sobre sapatas.

Ponte lendária na região, até hoje os populares de Lindóia contam sobre ela uma história curiosa. No início da década de 1930, o rio do Peixe era uma espécie de fronteira natural entre os estados de São Paulo e Minas Gerais.

Havia, no mesmo local da ponte atual, uma antiga ponte de madeira que fazia a ligação entre as duas margens. Durante a Revolução de 1932 os paulistas a destruíram, e teria sido graças a essa providência, segundo se conta em Lindóia, que as tropas mineiras não conseguiram invadir o território paulista.

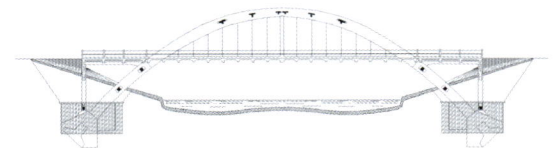

157

Segunda ponte sobre o rio das Antas

Antonio Alves Noronha (arquitetura); **Christiani & Nielsen** (construção); Rio Grande do Sul, 1949

A especificação "segunda ponte" tem duplo significado. Existem várias pontes sobre o rio das Antas, no Rio Grande do Sul. Duas delas merecem destaque: a ponte nas proximidades de Passo do Socorro, entre Vacaria e Caxias, construída em 1944, com projeto de Feliciano Penna Chaves; a ponte entre as cidades de Bento Gonçalves e Veranópolis, na Rodovia Buarque de Macedo, inaugurada em 1952 mas iniciada em 1942. Esta é a "segunda ponte" no mesmo local, pois a primeira foi arrastada pelo rio durante a sua execução. Rescindido o contrato com a empreiteira, as obras foram paradas e encampadas pelo Governo Federal. Foi feito novo projeto pelo Prof. Antonio Alves Noronha, que aproveitou as mesmas fundações, e a firma Christiani & Nielsen iniciou a sua execução em 1949. Logo após a conclusão da ponte, a construtora publicou um folheto mencionando que, em 1949, a ponte era a segunda maior do mundo em vão. Entretanto, considerando separadamente as pontes com tabuleiro intermediário, ela foi a primeira maior do mundo em 1952.

Para esta obra foi aberta concorrência pelo DAER — Departamento Autônomo de Estradas de Rodagem, em 1942, com um projeto oficial em viga contínua com cinco tramos de 45 metros. O edital permitia a apresentação de variantes. Apresentaram-se quatro firmas, e a comissão julgadora deu ganho à firma José M. Carvalho & Cia. Ltda., recusando todas as variantes. O Diretor Técnico do DAER discordou da opinião da comissão julgadora, defendendo a aceitação de variantes. Com isso sairia vencedora a firma Dahne, Conceição & Cia. Foi feito um contrato leonino em que a firma assinava responsabilidade total pelo projeto, com preço fixo, sem acréscimos, independentemente da constituição do solo ou da profundidade da rocha. Mesmo assim os interessados assinaram o contrato. Foram tão infelizes que, iniciada a construção, o primeiro cimbre ruiu em 1944, acarretando uma série de atrasos. Resolveram fazer uma verificação completa do projeto, não somente do cimbre como também do projeto da ponte. Contratado o Prof. Telêmaco van Langendonck, este achou uma série de erros: tensões excessivas no concreto do arco, tensões máximas de compressão nas impostas do arco de 9,7 MPa (pela norma vigente NB-2 não poderia passar de 9 MPa); quando todas as influências eram consideradas (vento, variações térmicas, frenagem, fluência do concreto), a tensão máxima chegava a 12,9 MPa (o limite era de 11 MPa);

a flambagem do arco também não atendia à norma com coeficiente de segurança 2; os blocos das articulações também despertaram suspeitas. O Prof. Julio Ricaldoni, de Montevidéu, foi incumbido de estudar um modelo fotoelástico, encontrando deficiência de armadura na articulação do fecho e sugerindo modificação de forma.

Se não tivesse havido o acidente com o cimbramento, nada disso teria acontecido. O problema se agravou com a construção de novo cimbramento, não aprovado pelo DAER e mesmo assim executado. Nova enchente, novo desmoronamento, e então a empreiteira não teve como manter sua posição, nem técnica nem financeira. Os incidentes levaram à execução do novo projeto.

Infelizmente não foi possível encontrar o detalhamento feito pelo Prof. Noronha; tivemos acesso apenas à forma enorme do arco.

Como conseqüência de todos esses percalços, o DAER emitiu um comunicado estabelecendo as diretrizes fundamentais para um bom projeto de cimbramento, com nove itens importantes.

Em linhas gerais, o projeto do Prof. Noronha é análogo ao primeiro projeto. A distância entre os arcos, de 7,2 metros, não pode ser aumentada como desejável por causa das fundações já executadas. A alteração possível foi transformar a seção transversal do arco de retangular cheia para vazada. O tabuleiro continua situado a meia altura do arco, mas na parte longitudinal externa ao arco foram suprimidos os dois pequenos arcos de 21 metros de vão de cada lado, ao longo do eixo da ponte. O tabuleiro passou a ter apenas duas das quatro longarinas.

O comprimento total da obra atingiu 298 metros, e os arcos continuaram apresentando flecha de 28 metros, mantendo sua classificação dentre os arcos mais abatidos, com relação flecha: vão = 1: 6,64 (ligeiramente inferior ao da ponte La Roche-Guyon, com 1:7). O contraventamento dos arcos passou a ser em forma de K. Os arcos possuem largura de 1,5 metro e altura variável de 3 metros no fecho, até 5 metros nas impostas. Com essas dimensões, foi possível manter a máxima tensão de compressão no concreto de 11 MPa.

O tabuleiro é dividido em quatro partes por três juntas de dilatação. Os dois trechos centrais transferem ao arco todas as forças horizontais devidas ao vento, e também as devidas à frenagem. Por causa disso os pendurais precisaram possuir seção vazada de 60 x 60 centímetros.

Ponte sobre o lago Paranoá

Oscar Niemeyer (arquitetura); **Escritório Técnico Figueiredo Ferraz** (estrutura); Brasília, 1968

Trata-se da monumental ponte sobre o lago Paranoá, em Brasília, que tem uma história turbulenta e controvertida. Desde a fase de projeto (1968) até sua construção tumultuada, seus percalços por diversos infortúnios e transtornos, seu reforço e a montagem ousada de seu tramo metálico, tudo torna sua história emocionante e atraente.

Oscar Niemeyer ficou encarregado de elaborar o projeto arquitetônico. A concorrência foi realizada em 1969, com apenas um esboço preparado por Niemeyer que, com poucos traços, lançou uma das mais complicadas obras do país, completamente alheio às dificuldes de realização daquilo que estava propondo. Apenas acrescentou uma nota simples e de profunda poesia à sua concepção plástica: "A ponte deve apenas pousar na superfície como uma andorinha tocando a água".

Nenhum bloco de fundação deveria ser visto, e o perfil da ponte apenas tocava a água. E eram 200 metros de vão a serem vencidos numa obra de 400 metros de comprimento total. A própria empreiteira teria de elaborar o projeto executivo.

A SOBRENCO ganhou a concorrência em 1969, pelo menor preço: cerca de 6 milhões de cruzeiros. Já em julho de 1969, ao ser instalado o canteiro da obras, constatou-se a existência de uma camada de lodo com espessura de 5 a 8 metros nas margens do lago. Isso não havia sido informado aos participantes. O projeto elaborado se tornou inviável. Para não executar os encontros e respectivo aterro sobre o terreno tão fraco, foi necessário aumentar o comprimento da obra, que passou de 400 para 440 metros, com vãos de 110, 220 e 110 metros. Com esse aumento, a obra conquistaria a marca de recorde mundial de vão em viga reta de concreto protendido.

A obra teve início em 1970 e o projeto foi desenvolvido pela própria empreiteira para o vão recorde de 220 metros, que contou com o beneplácito, por escrito, de Niemeyer: "Não custa nada ganhar um recorde!".

Fortes ventanias causaram um verdadeiro maremoto no lago, que emaranhou todos os cabos de protensão pendentes e apoiados num flutuador. Com as ondas produzidas pelo vento, os cabos envolvidos em bainhas foram jogados na água e se enrolaram de tal maneira que foi necessário um trabalho terrível para recuperá-los. Além disso, temia-se pela fragilidade dos cabos ao serem submetidos à protensão, depois de retificados os laços produzidos pelas ondas.

Os 760 cabos foram distribuídos em várias camadas, um ao lado do outro, ocupando a largura total do tabuleiro. Os espaços reservados para a entrada do concreto foram os mínimos exigidos pelas normas. Ao ser aplicada a protensão, diversos cabos não puderam ser adequadamente alongados, e assim a protensão ficou aquém dos resultados esperados. A cada aduela acrescentada, a protensão era cada vez menor do que o valor desejado, esperando-se no final perdas superiores a 50%. Aparentemente, com alguns procedimentos adicionais, a obra poderia ser retomada sem modificação do projeto. A parte da fundação não havia sido examinada, pois tudo parecia estar em ordem, sem qualquer dúvida a respeito. As sondagens disponíveis não eram suficientes para uma análise mais profunda, e isso nem havia sido solicitado.

Durante muito tempo o assunto ficou pendente. Foi até mesmo construída outra ponte, a ponte Presidente Médici, no mesmo braço do lago e a 3 quilômetros de distância, mas sem o caráter monumental da primeira; apenas como uma decisão política para remediar o não prosseguimento da obra. Finalmente foi consultado o escritório do Prof. Figueiredo Ferraz, que já havia participado da primeira concorrência. Esse escritório aceitou apresentar proposta para, abandonando os cabos protendidos existentes, reprojetar a ponte sem as dúvidas que ainda existiam sobre a estrutura paralisada. Surgiu então uma das mais belas pontes do país. A visão lateral da ponte em conjunto nos dá realmente aquela sensação que Niemeyer deixava transparecer: uma andorinha roçando o bico nas águas.

A construção inicial

O projeto inicialmente construído era constituído de dois duplos balanços de 110 metros, simétricos, executados simultaneamente e se encontrando no meio do vão central, numa articulação que permitia também alguma movimentação longitudinal.

A superestrutura foi iniciada em junho de 1970. Foram executadas pelo processo dos balanços sucessivos apenas sete aduelas de cada lado, resultando o balanço total de 35 metros.

Ao ter início a terceira aduela, com os cabos todos pendentes e apoiados horizontalmente em flutuadores, fortes ventanias

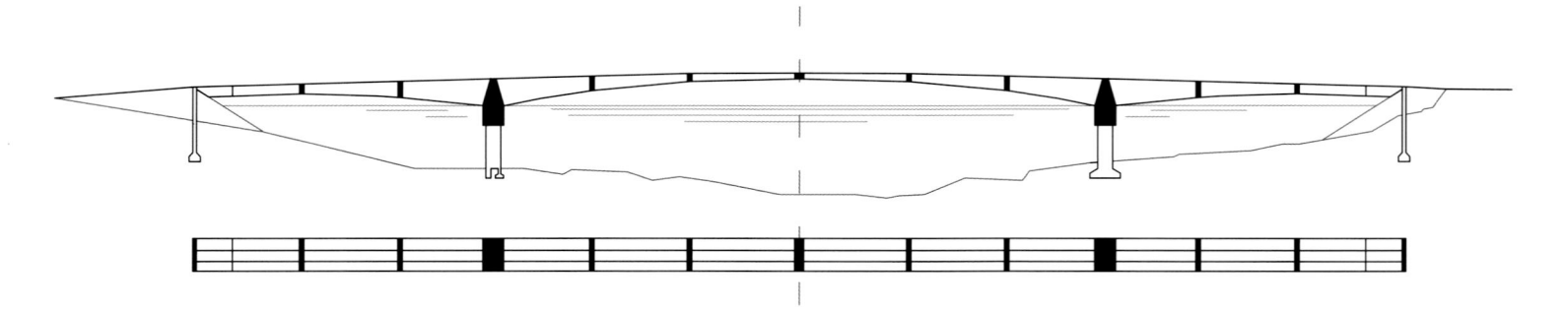

Perfil da ponte segundo o projeto inicial modificado (ODC, julho 1975).

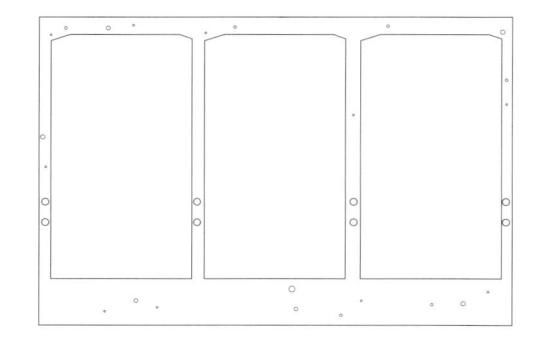

Seção transversal da aduela 1, lado margem (ODC, julho 1975).

causaram, em julho de 1970, um enorme transtorno. Os flutuadores balançaram tanto com as fortes ondas geradas pelo vento que os cabos caíram no lago e se emaranharam, tornando quase impossível a continuação da obra.

A seção transversal da superestrutura é constituída de 3 células de 4,5 metros, resultando a largura total de 13,5 metros sem balanços. Passeios de 1,5 metro diminuem a faixa de rolamento para 10,5 metros, suficiente para três pistas de tráfego. A altura da seção é variável, começando nos apoios com 12 metros e terminando no meio do vão com 2,1 metros. A espessura das paredes é de 40 centímetros e as lajes possuem espessuras variáveis ao longo dos balanços sucessivos. A laje superior, por causa da enorme quantidade de cabos, possui junto aos apoios a espessura de 40 centímetros, e a inferior, representando a mesa de compressão dos balanços sucessivos, alcança nos apoios o valor máximo de 128 centímetros.

A figura acima mostra a disposição dos cabos de protensão, podendo-se perceber a dificuldade de concretagem. A alteração de projeto do vão inicialmente previsto de 200 para 220 m, acarretou um significativo aumento do número de cabos de 576 para 728 e não foi fácil encontrar alojamento, na mesma largura de 13,5 metros da seção. Daí a necessidade de distribuir os cabos em cinco camadas.

A ponte executada

Depois da paralisação da obra, a NOVACAP optou pela rescisão do contrato e contratação do Escritório Técnico Figueiredo Ferraz para a reformulação do projeto e a empresa ECEL S.A. para o prosseguimento da obra sob regime de administração.

Logo no início das verificações o Escritório Técnico Figueiredo Ferraz providenciou novas sondagens, chegando à conclusão, depois de consultar diversos especialistas em solo, que a rocha no nível em que estavam assentados os tubulões resistiria apenas a 10 kgf / cm² e que a pressão efetiva de projeto era 19. As preocupações quanto à obra cresceram, e foi decidido que deveriam reforçar também as fundações. Foi a parte mais onerosa da reformulação do projeto.

Procurou-se reduzir o mais possível o peso nas fundações, mediante substituição de um trecho central de 58 metros da ponte por uma viga metálica simplesmente apoiada nas extremidades dos consolos. Qualquer rotação que pudesse aparecer nos consolos ficaria totalmente disfarçada pela acomodação de um trecho de 58 metros de comprimento.

As armaduras pendentes foram cortadas e abandonadas. Dos 728 cabos de 40 tf, aqueles que ainda não estavam protendidos foram substituídos por 99 cabos da patente VSL Losinger, com cordoalhas de ø12,7 milímetros para diversas potências: 110, 220 e 300 tf. Isso simplificou bastante a execução pela redução do número de cabos e pelo uso de bainhas mais rígidas e mais resistentes. A redução do peso da parte central, projetada com aço Cor-Ten de elevada resistência à corrosão, permitiu também alguma redução da protensão. O peso da superestrutura passou a ser de 24 mil tf, sendo 320 tf a contribuição do trecho metálico.

O aspecto final da obra não sofreu alterações. O trecho metálico, que pela sua natureza não exigiria pintura, foi preparado com jato de areia e aplicação de epóxi branco, restabelecendo a aparência prevista.

Ponte JK (ex-ponte Mosteiro)

Alexandre Chan (arquitetura); **Projconsult Engenharia – Mario Jaime dos Reis**
Vila Verde e Filemon Botto de Barros (estrutura); Brasília, 2002

Esta é a terceira ponte sobre o Lago Sul (lago Paranoá), em Brasília. Trata-se talvez da mais notável ponte construída nos últimos tempos no Brasil. Ela é notável não somente pela originalidade, mas também pelo arrojo de sua concepção estrutural, o que levou a uma grande complexidade nos cálculos. Sua realização não teria sido possível sem o uso de computadores.

As dificuldades começaram com as fundações por causa da necessidade de os blocos gigantescos ficarem submersos. Os três arcos metálicos, com 240 metros cada um, são oblíquos em relação ao eixo do tabuleiro. Em planta eles formam um zigue-zague, passando de um lado para outro do tabuleiro, e terminando dentro da água sem que sejam vistas as fundações.

Os arcos são mistos de concreto e aço, sendo de concreto apenas as partes que ficam abaixo do tabuleiro. Tanto a parte de cima dos arcos, com vão de 197,17 metros como o tabuleiro são metálicos.

O tabuleiro foi previsto para ser executado em terra e empurrado continuamente. Por isso foram executados suportes intermediários que sustentariam o tabuleiro antes de ele ser dependurado nos arcos.

Cada bloco recebe dois arcos, um ao lado do outro, possibilitando o equilíbrio de seus empuxos. Recebe ainda duas "lâminas", que são suportes do tabuleiro, o qual passa sem se encostar aos arcos. Resulta uma quantidade enorme de casos de carregamentos complexos, que só podem ser considerados com o uso do computador.

O tabuleiro total possui 1200 metros de comprimento e é dividido em cinco partes de 240 metros cada uma. A primeira e a última partes estão sobre 10 apoios incluindo os encontros. Os três tramos centrais possuem quatro apoios, onde se apóiam os três arcos mistos de aço e concreto. Esses apoios constituem verdadeiras obras de engenharia e sua explicação seria longa demais para poder caber aqui com clareza. São verdadeiros navios executados fora d'água, com furos no fundo para passagem dos tubulões de camisa metálica e afundados para sua concretagem submersa.

Edifícios Sociais, Esportivos e Culturais

Jockey Club de São Paulo

Piscina coberta do Centro Esportivo Baby Barioni

Estádio Municipal do Maracanã

Ginásio do Clube Paulistano

Sede do Clube xv

Centro Cultural e Desportivo Amazonino Mendes
(Bumbódromo de Parintins)

Casa de Cultura de Israel

Jockey Club de São Paulo

Elisiário da Cunha Bahiana (arquitetura); **Gustavo Gam** (estrutura); São Paulo, 1937

A competição entre São Paulo e Rio de Janeiro tem sido, até mesmo nos dias atuais, uma poderosa mola propulsora do progresso. A primeira manifestação parece ter sido, no campo estrutural, nas marquises monumentais dos hipódromos.

A marquise da tribuna dos sócios do Hipódromo da Gávea teve sua marca mundial em 1926, com o balanço de 22,4 metros em concreto armado. São Paulo não poderia ficar atrás. Em 1937, o arquiteto Elisiário da Cunha Bahiana elaborou o projeto das novas instalações do acanhado Hipódromo da Mooca de 1875, transferido para Cidade Jardim, um bairro em formação. A Tribuna dos Sócios alcançaria novo recorde, com 25,2 metros de balanço. Teria sido proposital?

Bahiana projetou o Hipódromo de Cidade Jardim com arranjo físico muito semelhante ao do Rio de Janeiro. Existem duas Tribunas Especiais, uma Tribuna dos Sócios, e uma pequena tribuna para proprietários e jóqueis.

Foi encarregada da construção da obra a Sociedade Comercial e Construtora Ltda., da qual Heitor Portugal era o engenheiro responsável. Essa firma foi poderosa nos anos 1930 a 1940 em São Paulo, construtora de obras notáveis como o Viaduto do Chá. Possuía na época, como diretor técnico, o notável engenheiro Walter Neumann, que resolvia com perícia todos os problemas intrincados de obra. Foi ele quem convocou o IPT — Instituto de Pesquisas Tecnológicas de São Paulo, para fazer uma miniatura do nó do pórtico e ensaiá-lo, para tirar conclusões sobre o balanço arrojado.

No ensaio da miniatura em escala 1:5, foram feitas medidas de flechas e rotações, e logo após, aumentada a carga até a ruptura. A diferença com a seção transversal em relação à obra do Rio de Janeiro é que, em São Paulo, ela é oca na estrutura. Isso foi necessário para reduzir o peso do concreto e tornar possível o aumento do balanço. Os resultados do ensaio da miniatura deram certa tranqüilidade ao projeto de Neumann, que autorizou a execução sem qualquer tipo de modificação.

Neumann solicitou também do IPT o acompanhamento da operação de descimbramento com medidas de flechas, etapa por etapa. A flecha na extremidade do balanço alcançou o valor de 36 milímetros. Os cálculos teóricos correspondentes, feitos com o módulo de elasticidade medido nos corpos de prova (26 GPa), forneceram os valores: 24 milímetros no Estádio I e 55 milímetros no Estádio II. Vê-se que a estrutura trabalhou mais próxima do Estádio I do que do Estádio II, evidenciando uma pequena fissuração em serviço. O diagrama carga x flecha apresentou uma linearidade quase perfeita até a carga máxima de ensaio.

Piscina coberta do Centro Esportivo Baby Barioni

Ícaro de Castro Mello (arquitetura); **Arthur Luiz Pitta** (estrutura); São Paulo,1948

Ícaro de Castro Mello foi um arquiteto especializado em construções esportivas. Projetou para o Departamento de Educação Física do Estado de São Paulo, entre outras obras, esta estrutura formada por 15 arcos paralelos de comprimentos e alturas diferentes.

Os comprimentos dos arcos paralelos da estrutura variam de 40 a 50 metros, dispostos a cada 4 metros, formando em conjunto, um parabolóide hiperbólico. O espaçamento entre os arcos é preenchido por uma laje pré-moldada tradicional, com tijolos cerâmicos e cobertura de telhas de alumínio ondulado.

A superfície, que se assemelha a uma casca, é denominada anticlástica, isto é, sua geratriz é formada por uma curva oposta à da diretriz, combinando ao mesmo tempo arcos parabólicos trabalhando à compressão e à tração.

As arquibancadas, com capacidade para 4500 espectadores, são constituídas por dois blocos paralelos aos lados maiores do tanque, formados por pórticos de concreto moldado *in loco*, sendo os degraus pré-moldados.

Internamente, o ambiente é adequado para a prática esportiva, com iluminação e ventilação garantidas pelas grandes superfícies verticais que formam as fachadas frontais e de fundo do edifício.

O tanque oficial, contendo água aquecida por cinco caldeiras a óleo, tem 25 x 18 metros.

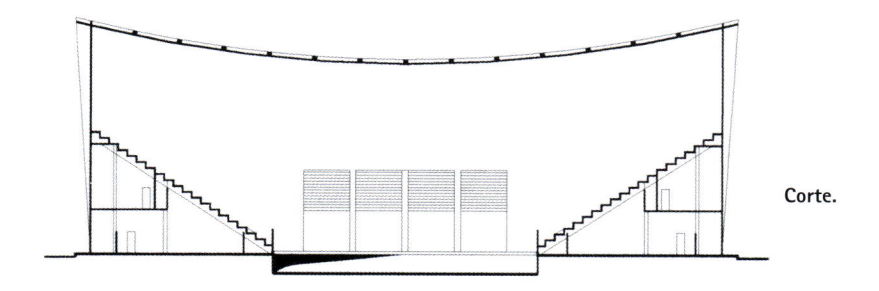

Corte.

Estádio Municipal do Maracanã

Raphael Galvão, Pedro Paulo Bastos, Antonio Dias Carneiro
e **Orlando Azevedo** (arquitetura); **Antonio Alves Noronha, Paulo Fragoso, Sérgio Marques de Souza**
e **Alberto Rodrigues da Costa** (estrutura); Rio de Janeiro,1949

Templo maior do futebol brasileiro — palco de muitas alegrias e também muitas tristezas, como a final da Copa de 1950 —, o Estádio Mário Filho, conhecido como Maracanã, nome do bairro onde se situa, pertence à Suderj — Superintendência de Desportos do Estado do Rio de Janeiro, e deverá ter suas instalações adaptadas às Normas da Fifa, tendo em vista uma provável futura Copa do Mundo a ser realizada no Brasil.

Sua concepção é antiga, e, em vista disso, a imprensa tem cogitado até da sua demolição e reconstrução, tal como aconteceu com o Estádio de Wembley, na Inglaterra. A tendência atual é projetar estruturas leves servindo de cobertura, como no Estádio de Torino, propriedade da Società de L'Acqua Pia Antica Márcia, construído em 1989.

A forma do Maracanã é de "prato" — ao contrário da tendência atual de construir estádios em forma de "xícara" — e sua planta é elíptica, com eixos de 300 x 260 metros. Segue a receita clássica do módulo estrutural concêntrico, definido conforme corte esquemático, solução que se repete até fechar o oval em torno do campo.

Medidas do campo: 110 x 75 metros, separado do público por um fosso com 3 metros de largura.
Altura total: 32 metros
Maior público: 183.341 pessoas (eliminatórias da Copa do Mundo de 1970)
Área construída total: 195.600 m²
Consumo total de ferro: 10 mil toneladas

O acesso do público é feito por duas rampas. Os vestiários ficam no subsolo, com acesso independente. A marquise, de concreto em balanço sobre as arquibancadas, serve de suporte para a iluminação. O estádio conta ainda com um ginásio anexo, conhecido como Maracanãzinho, o Museu do Futebol e um estacionamento.

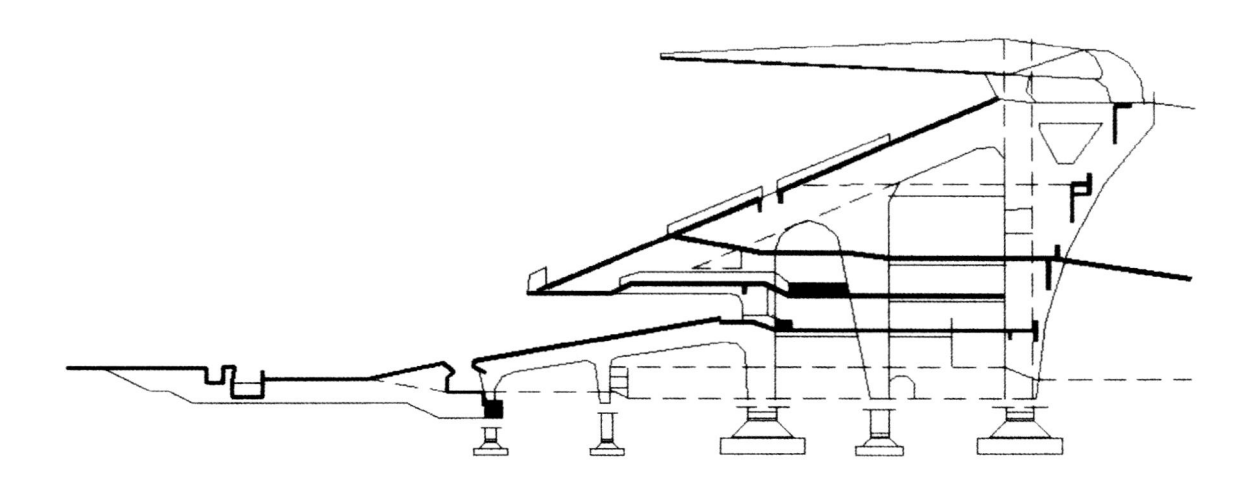

Ginásio do Clube Paulistano

Paulo Mendes da Rocha e **João Eduardo de Gennaro** (arquitetura);
Escritório Técnico Paulo Franco Rocha (concreto);
Escritório Técnico Andratel (estrutura metálica);
Tulio Stucchi (consultoria de estruturas); São Paulo, 1958

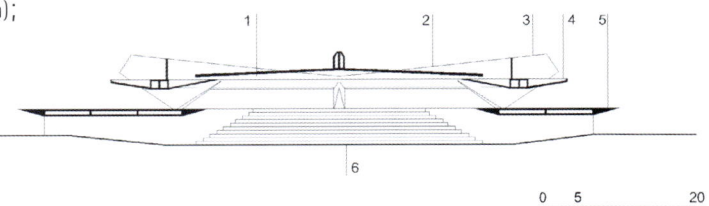

Corte:

1. Estrutura metálica
2. Cabo de aço
3. Pilar
4. Marquise circular
5. Patamar
6. Quadra

Projeto vencedor de concurso público de arquitetura, elaborado por dois arquitetos recém-formados, Paulo Mendes da Rocha e João Eduardo de Gennaro, o Ginásio do Club Athletico Paulistano obteve grande mérito, a ponto de receber na VI Bienal de São Paulo o primeiro prêmio da Categoria Recreação. Sua construção fez parte do plano de remodelação geral das instalações do clube na época.

Basicamente, a edificação é constituída por:

- uma plataforma retangular de 75 x 60 metros, sob a qual estão situados os vestiários e os anexos do ginásio;
- um vazio central onde se encontra a arquibancada, com capacidade para mil espectadores, envolvendo a quadra;
- cobertura em placas de alumínio atirantada por 12 cabos de aço, justaposta ao anel circular de concreto armado com 12,5 metros de largura, apoiado em seis pilares escultóricos espaçados em rígida simetria. O miolo da cobertura é de plástico translúcido.

Pode-se dizer que o edifício de 5 mil m² de área construída — de concepção inédita e utilizando sistemas mistos (aço e concreto armado) — reflete a importância da belíssima estrutura concebida pelo arquiteto: quando pronta, ela própria define o espaço arquitetônico.

Seu valor deve-se à sua intensa qualidade arquitetônica: clareza estrutural e preocupação com as relações de transição interior x exterior, inserindo adequadamente a obra no espaço do clube e proporcionando aos usuários do ginásio espetáculos não apenas no ambiente fechado mas também em áreas livres ao seu redor.

Sede do Clube XV

Francisco Petracco e **Pedro Paulo de Mello Saraiva** (arquitetura);
Júlio Kassoy & Mário Franco (estrutura); Santos, São Paulo, 1963

Na cidade de Santos, até muito pouco tempo atrás, a silhueta incomum de uma edificação sede de um dos clubes mais tradicionais da Baixada Santista, o Clube XV, quebrava a regularidade das construções dos edifícios ao longo dos 8 quilômetros da orla da praia, todos de planta quadrada ou retangular, submetidos ao limite de gabarito estabelecido e aos recuos laterais mínimos, como se sua implantação fosse simples resultado das imposições do Código de Obras e não uma decisão tomada por profissionais que sabem que os usuários necessitam de ar e de luz.

Situado em uma das avenidas mais tradicionais, a Vicente de Carvalho, esquina com o Canal 3, o terreno tem à sua frente uma vista privilegiadíssima: calçadão, jardins, uma extensa faixa de areia e o mar.

Implantado de forma a ocupar a totalidade do terreno, o bloco, na verdade um corpo único, tinha à disposição uma esplanada superior com piscina, pavimentos intermediários destinados ao atendimento do programa vazados através da estrutura, e pavimento térreo com um pequeno rebaixo escavado até onde o permitia o lençol freático, em um nível pensado de forma a não desobedecer as posturas municipais, caracterizado legalmente como subsolo e dispensado portanto dos recuos obrigatórios, porém de fácil acesso e adequadamente ventilado.

A solução estrutural em concreto armado aparente associada ao binômio forma função, liberava o grande vão central de 33 metros por meio de 15 lâminas pousadas sobre pilares trapezoidais laminares, com balanços simétricos de 11 metros espaçados entre si de 2 em 2 metros, travadas pelas próprias lajes dos pavimentos, projetadas para conter, e não para abrigar o grande salão, permitindo assim a ordenação do espaço em duas partes distintas: uma na estrutura superior e a outra ao nível do chão.

Não se caminhava sob os pórticos, mas entre e através deles.

A ocupação de todo o terreno permitia ao chamado subtérreo absorver uma parcela considerável do programa, liberando o nível de sua cobertura para eventos mais significativos, em cota imediatamente superior aos automóveis, bancas e outros elementos, caracterizando-se a mesma como uma verdadeira esplanada a cavaleiro da vista dos jardins da praia e da baía de Santos.

O projeto obteve o primeiro lugar em concurso público, e de acordo com a visão de seus autores, assim se definia:

"Para uma associação como o Clube XV, que não possui times nem realiza competições promovendo apenas o convívio social, o edifício sede é a sua própria essência:

A estrutura é composta por elementos verticais planos cujas dimensões ultrapassam de muito os espaços fechados do edifício, repetidos por translação a distâncias regulares. Tais feixes paralelos de lâminas geratrizes definem o volume visual do prédio. Esta arquitetura, formada pela combinação de forma e ritmo, levou-nos a projetar de maneira quase musical, ora alegro, ora andante...

A concepção não foi um fato isolado de inspiração momentânea, mas resultado de um processo de observação, crítica e criação da arquitetura.

O arrojo da solução estrutural exigiu do Profº Mario Franco critérios de dimensionamento e detalhamento estrutural muito além dos usuais, sequer imaginados pelos autores das Normas Técnicas, transformando o projeto em referência importante na História do Concreto Armado no Brasil."

Mas tudo isso é passado, pois recentemente a sede do Clube XV foi demolida para dar lugar a um empreendimento comercial ligado à rede hoteleira da cidade. Mais um edifício de múltiplos andares tomou o lugar de uma das mais belas obras da arquitetura do Brasil.

Eu, Carrieri, o autor desta ficha, lamento a pouca importância atribuída a uma das obras mais exponenciais da simpática cidade de Santos por parte de quem vendeu ou de quem comprou. Não importa quem ou porquê.

O que importa e assusta é verificar o total silêncio dos arquitetos em face do acontecido, ao mesmo tempo que ficamos entristecidos ao constatar que a orla da praia ficou empobrecida, e mais uma vez a arquitetura, vertente significativa e expressiva da cultura nacional, desvalorizada.

Passando ao lado da carcaça semi demolida do que outrora fora uma bela obra de arquitetura, confesso que percebi com os olhos do espírito, como se um imperceptível filete de sangue escorresse do organismo destroçado daquele belo edifício...

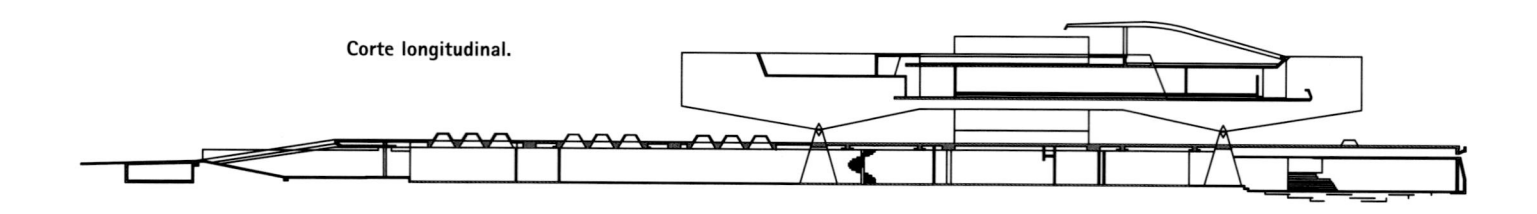

Corte longitudinal.

Centro Cultural e Desportivo Amazonino Mendes
(Bumbódromo de Parintins)
Nacife Bomeny (engenheiro responsável); **Servlease** (construtora); Parintins, Amazonas, 1989

Situada na ilha de Tupinambarana, na margem direita do rio Amazonas, Parintins é uma simpática cidade do interior amazonense. No final do século XIX, a região recebeu imigrantes nordestinos que vieram para a Amazônia em busca das riquezas geradas pela extração da borracha. Trouxeram com eles uma de suas mais fortes tradições culturais, o bumba-meu-boi, que ali se encontrou com outro boi genuinamente amazônico, e esse encontro os transformou no boi-bumbá de Parintins.

Garantido ou Caprichoso? É preciso escolher de qual lado ficar. A rivalidade histórica entre os Bois Garantido e Caprichoso domina a cidade, culminando numa das maiores festas populares do Brasil: o Festival Folclórico de Parintins, que se realiza sempre nas noites de 28, 29 e 30 de junho. Na arena do Bumbódromo um grandioso espetáculo de dança, música, drama e efeitos especiais, levantam das arquibancadas os espectadores.

A brincadeira dos bois que inicialmente ocupava os quintais, foi organizada, evoluiu e se transformou em espetáculo. Em 1985 montou-se um Bumbódromo de madeira para a apresentação dos grupos. Desde 1988 eles se apresentam em uma arena especialmente construída para receber o Festival. O Centro Cultural e Esportivo Amazonino Mendes divide a cidade ao meio, marcando o limite dos currais de Garantido e Caprichoso. O estádio é considerado a maior obra cultural e desportiva do estado do Amazonas. Além das grandes noites do Festival, o Bumbódromo ao longo do ano inteiro é palco de grandes manifestações socioculturais, além de abrigar uma escola municipal com 18 salas de aula.

São mais de 10 mil m², com cadeiras numeradas, arquibancadas especiais e camarotes que recebem aproximadamente 35 mil espectadores. O Bumbódromo tem o formato de um boi estilizado, onde a cabeça é representada pela tribuna de honra e os dois acessos laterais lembram os chifres. A arena e a arquibancada formam o contorno do animal.

Durante os três dias de festa, cinco telões de 20 metros são colocados na área externa do Bumbódromo, já que as atuais instalações não correspondem mais à dimensão que o Festival de Paritins adquiriu com o passar dos anos. Além da arena e das arquibancadas que serão ampliadas em projeto já em andamento, o novo complexo também terá área de concentração dos bois, praças de alimentação e estacionamento.

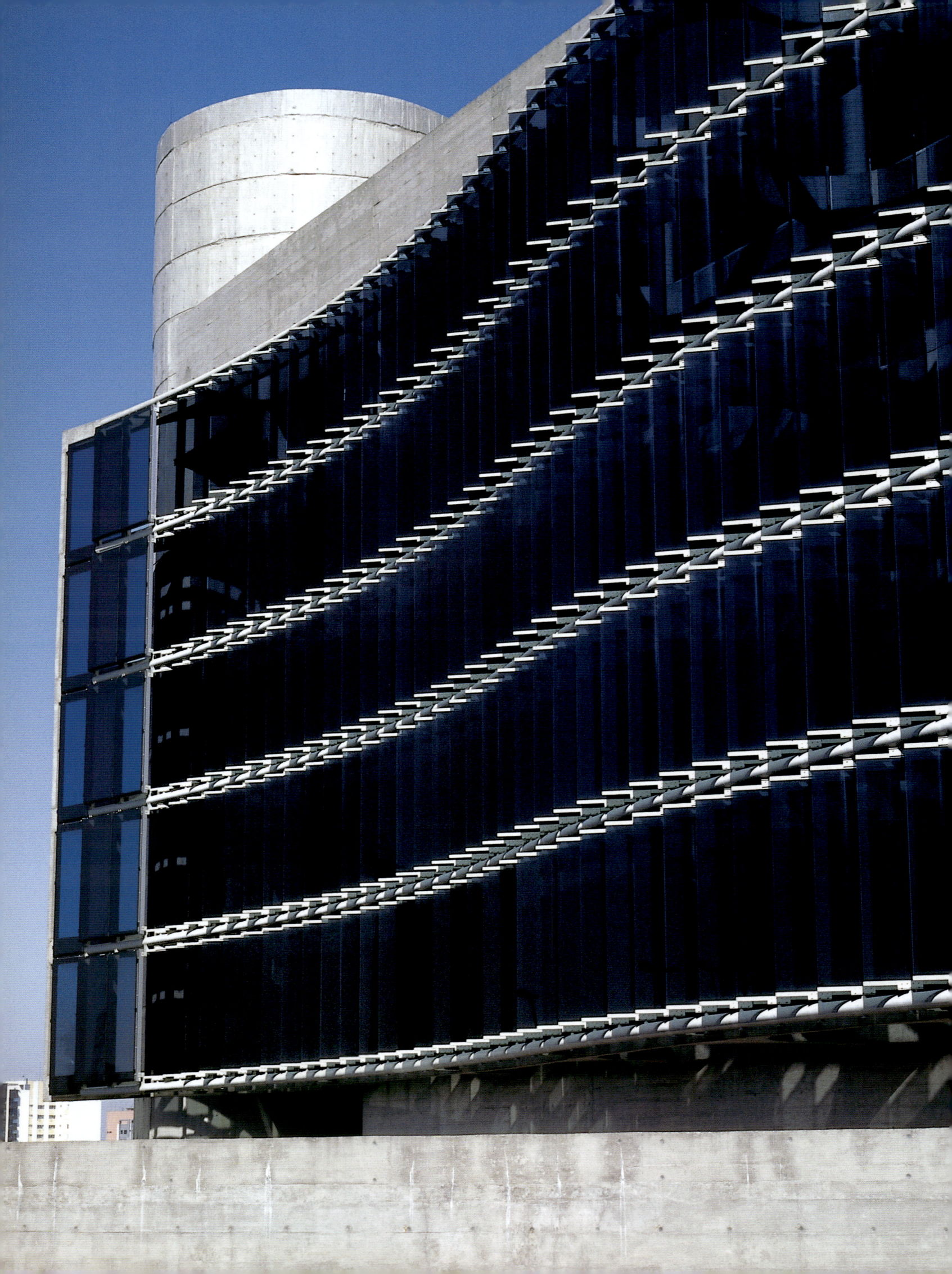

Casa de Cultura de Israel

Roberto Loeb (arquitetura); **Júlio Kassoy & Mário Franco** (estrutura); São Paulo, 1997

Implantado no ponto mais alto do espigão Paulista Sumaré, a cavaleiro da vista sobre os bairros do Pacaembu de um lado, e Pinheiros do outro, esta construção relativamente recente com 4531 m², foi executada em um pequeno terreno entre o viaduto da avenida Dr. Arnaldo e a rua Oscar Freire em São Paulo. Trata-se de uma obra significativa, concebida e projetada pelo arquiteto Roberto Loeb, com cálculo estrutural do Escritório Técnico Júlio Kassoy e Mário Franco. A parte metálica da fachada foi projetada pela engenheira Heloísa Maringoni com grande maestria. Os desenhos de concreto estão datados de novembro de 1996.

A forma da construção foi inspirada na Torá, o rolo sagrado judaico usado como símbolo. É composta de dois cilindros grandes, simbolizando os suportes do pergaminho e um corpo sinuoso imitando a forma da Torá. Os cilindros abrigam de um lado a torre de circulação vertical, e do outro os sanitários. Compõe-se de três andares tipo, um *foyer* com auditório e um andar térreo. Este se localiza abaixo da rua Oscar Freire exigindo, portanto, um contorno de estacas distanciadas de 2 metros para suportar o terreno da rua Amália Noronha e da avenida Dr. Arnaldo.

Os dois cilindros possuem 9 metros de diâmetro externo com paredes de 18 centímetros. Servem de apoio à parte do andar térreo e do *foyer*. O auditório é totalmente independente e ocupa apenas uma faixa de 9 x 26,3 metros com capacidade de lotação variável, de acordo com o uso que se pretende. Os três pavimentos tipo não se apóiam nos cilindros, mas existe uma pequena passarela de ligação de acesso. São formados por um retângulo de 9 x 31,66 metros que se prolonga além do auditório. A forma da fachada é realizada por meio de saliências em balanço nas vigas transversais dos pisos com dupla função: os furos evitam a aparência de varandas ao mesmo tempo que conduzem para cima a carga térmica absorvida pelos *brises-soleil*.

As duas fachadas ficam suspensas em cada pavimento e não se encostam nos cilindros. As janelas são de vidro laminado de 9 milímetros.

Esses dispositivos resolveram o problema de incidência de luz solar e excesso de ruído, visto que o edifício está ladeado por duas avenidas de tráfego intenso: a Dr. Arnaldo na parte mais alta, e a Sumaré abaixo da cota de arrasamento.

Edifícios Industriais

Fábrica Olivetti

Aché Laboratórios Farmacêuticos

Fábrica Olivetti

Marco Zanuso (arquitetura); **E. Cegnar** (estrutura); Guarulhos, São Paulo, 1956

São raras as intervenções dos arquitetos em projetos industriais, o que é uma pena. Vez ou outra uma ampliação ou reforma. No entanto, quando as oportunidades surgem, os resultados são sempre vantajosos.

A obra da Olivetti em Guarulhos, às margens da Rodovia Presidente Dutra, foi executada nos anos 1950, mas hoje está transformada em shopping center. O projeto arquitetônico é de Marco Zanuso, e a estrutura foi planejada pelo engenheiro E. Cegnar, ambos italianos.

Embora não tenha sido contratado um arquiteto brasileiro, pelo fato de se tratar de uma empresa cuja matriz fica na Itália, a solução de cobertura formada por triângulos esféricos dispostos à maneira de um *shed*, e apoiados em colunas ocas que servem de elemento de ventilação, é inusitada, sobretudo em se tratando de uma obra dessa natureza.

A idéia inicial foi realizar a cobertura de toda a área industrial com peças pré-moldadas no canteiro da obra, repetindo centenas de vezes o mesmo elemento em forma de casca delgada. Por razões de cálculo, numa época em que ainda não se usava o recurso dos computadores, alterou-se o projeto para concretagem no próprio local, com um sistema especial de formas que permitisse sua aplicação repetitiva para a obra inteira. As cascas são esféricas, triangulares em planta, com lados de 11 metros e em níveis escalonados para permitir a iluminação, resultando estruturas externamente isostáticas.

A execução foi precedida pela construção de um modelo de módulo-padrão em escala 1:1, que foi submetido a prova de carga para determinação dos esforços solicitantes em cada ponto. Cada elemento estrutural é uma unidade independente, articulada nos vértices em pilares dispostos segundo uma malha regular.

A revista *Casabella* publicou, em 1959, matéria escrita por Giuliano Guiducci com algumas indicações da estrutura e fotografias tiradas durante a execução da obra. Para melhor explicar, Guiducci faz uma imagem intuitiva do funcionamento da estrutura como membrana, ilustrada por meio de um lenço triangular fixo nos vértices e submetido a uma pressão uniforme de baixo para cima. A superfície do lenço se encurva, assumindo a forma do elemento estrutural em que as cargas verticais de baixo para cima são contrabalançadas pelos esforços internos de tração simples e pelos vínculos nos apoios. Invertendo o carregamento, resulta a estrutura real, com reações concentradas nos pilares. Guiducci lembra ainda que, invertendo o lenço e continuando a apoiá-lo nos três vértices, embebendo-o com água e promovendo o congelamento, a estrutura fica estável ao ser invertida. É a imagem do funcionamento dos elementos triangulares curvos da construção executada.

Pode-se aqui lembrar que, em Stuttgart, Frei Otto estudou as obras de Gaudí, fazendo modelos invertidos solicitados por fios com pesos dependurados. Variando os pesos e suas posições, conseguiu chegar às formas exatas concebidas por Gaudí, porém de ponta-cabeça. A forma correspondia exatamente à antifunicular das cargas aplicadas, o que lhe permitiu avaliar os esforços solicitantes nas estruturas que desafiavam qualquer tipo de cálculo teórico. O caso da estrutura da Olivetti, muito mais simples, foi explicado por Guiducci de modo parecido, muito antes das experiências de Frei Otto.

Não foi possível conhecer a espessura adotada para o concreto, que deve ser da ordem de 10 centímetros por razões executivas.

Os espaços entre as cascas da cobertura foram usados como janelas de iluminação e ventilação.

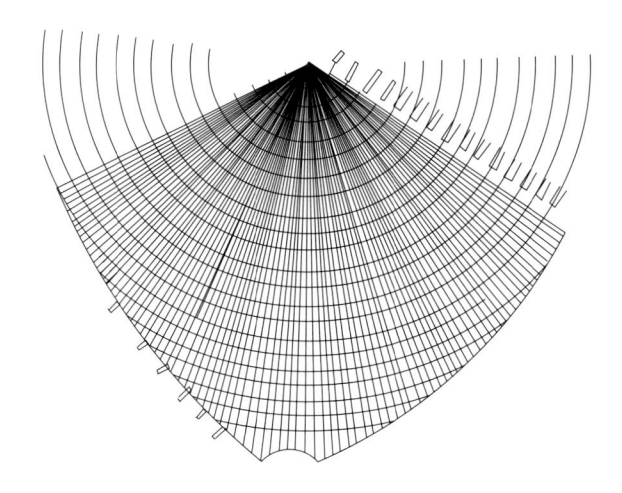

Aspecto geral das armaduras adotadas no projeto da casca delgada, conforme publicado em **Casabella.**

Distribuição dos elementos triangulares (esféricos) de cobertura inferiores e superiores.

Aché Laboratórios Farmacêuticos

Ruy Ohtake (arquitetura); **Júlio Kassoy & Mário Franco** (estrutura); Guarulhos, São Paulo, 1970

Situado em Guarulhos, próximo à Rodovia Presidente Dutra, o edifício se destaca pela pureza de sua geometria, concepção oposta à grande maioria dos edifícios destinados à atividade industrial, geralmente "sisudos" e sem qualquer preocupação com a qualidade do espaço ou com questões de ordem estética.

Os vários setores do laboratório estão reunidos em um único bloco em concreto aparente, ao redor de uma praça central arborizada. A planta, idealizada em função da otimização dos fluxos da linha de produção, procurou eliminar corredores e circulações indesejáveis.

O projeto foi premiado na X Bienal de Arquitetura, em 1973.

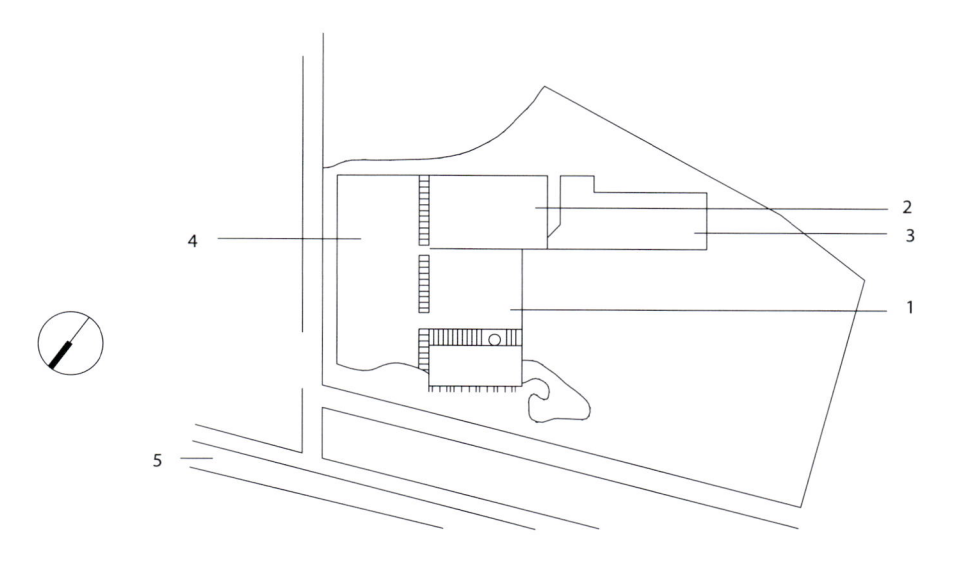

Implantação:

1. Administração
2. Produção / Restaurante
3. Produção / Laboratório
4. Almoxarifado / Serviços
5. Via Dutra

Equipamentos Urbanos

Elevador Lacerda

Aeroporto Santos Dumont

Caixa d'Água de Olinda

Estação Rodoviária de Londrina

Estação Rodoviária de Jaú

Elevador Lacerda

Fleming Thiesen (arquitetura / detalhamento de Prentice & Floderer);
Christiani & Nielsen (estrutura); Salvador, Bahia, 1929

O Elevador Lacerda, que liga as partes alta e baixa da cidade, é um "cartão-postal" de Salvador. Seu nome provém do engenheiro brasileiro Antônio de Lacerda, que havia construído a obra anterior, no mesmo local, em 1872, mas que depois de 50 anos tornou-se insuficiente para atender à demanda. Em 1928 organizou-se uma concorrência pública de projeto e de construção, da qual foi vencedora a firma dinamarquesa Christiani & Nielsen, com filial no Rio de Janeiro.

A concorrência incluía outras obras além do elevador propriamente dito:

- Edifício de um pavimento na parte baixa da cidade (praça da Alfân-dega), constituído por lojas na fachada, bilheterias, corredores de entrada e saída de passageiros.

- Torre de concreto armado de 73,5 metros para uma elevação de passa-geiros de 59 metros; a seção transversal da torre é de 3,55 x 7,48 metros, suficiente para a instalação de duas cabines de elevadores para transporte de 27 pessoas em 17 segundos.

- Ligação entre as duas torres, a antiga e a nova, por meio de uma ponte de 6 metros de largura, vencendo um vão de 28,7 metros; essa ponte é inteiramente fechada por uma laje de concreto e paredes envidraçadas em continuação à galeria que circunda a torre no ponto de chegada dos elevadores.

- Edifício de escritórios na parte alta (praça Rio Branco), com três pavi-mentos acima do solo e dois subterrâneos; o edifício possui em planta 11 x 18,6 metros e é circundado por uma plataforma coberta de 2 a 3 metros de largura para trânsito de passageiros.

- Modificação da torre existente e construção de duas colunas de con-creto armado para suportar a nova ponte.

- Uma ponte provisória de madeira para a ligação da nova ponte com a praça Rio Branco durante a remodelação da torre existente.

Como se percebe, o programa era bastante extenso, e as duas elevações da figura ao lado dão idéia do projeto.

A estrutura da torre principal é constituída por seis pilares ligados transversalmente por vigas a cada 3,5 metros, ao longo da altura total de 3,5 x 17 = 59,5 metros. Essas vigas colaboram na resistência às forças hori-zontais devidas ao vento e na redução do comprimento de flambagem dos pilares (naquela época isso era uma condição muito importante!).

Na época da construção já existia na Riviera italiana uma torre de 72,5 metros de altura, descrita na revista alemã *Beton und Eisen*, edição de 1924. Essa torre abrigava o elevador público comercial que transportava o maior número de passageiros do mundo, cerca de 25 mil/dia, à veloci-dade de 3,5 m/s, com capacidade máxima de 20 kN por viagem. A torre, entretanto, não possuía sua altura total livre, pois era contraventada contra a rocha por meio de tirantes, o que não acontece com o Elevador Lacerda.

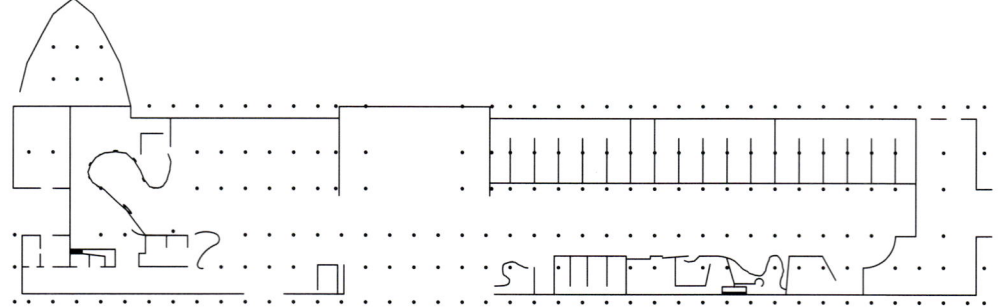

1. Planta do bloco principal.

Aeroporto Santos Dumont

Marcelo Roberto e **Milton Roberto** (arquitetura); **Paulo Rodrigues Fragoso** (estrutura); Rio de Janeiro, 1937

Esta obra é uma estrutura hiperestática presa à modulação rígida, formando uma malha que atua como elemento de composição, tanto no que refere à adequação do programa como em relação ao sistema construtivo.

Com seus pilotis visíveis interna e externamente, pé-direito alto no primeiro piso e painel de vidro do saguão de espera, o que permite a visualização dos movimentos da pista, o Aeroporto Santos Dumont é uma das principais obras da arquitetura moderna no Rio de Janeiro.

Hangar nº 1

Este hangar, projetado pelo engenheiro Paulo Rodrigues Fragoso, ficou pronto em 1939. A obra foi apresentada pelo próprio autor do projeto no 1º Symposium de Estruturas realizado no Rio de Janeiro em julho de 1944, por iniciativa do INT – Instituto Nacional de Tecnologia, e é da publicação nos anais desse encontro que extraímos as informações aqui contidas.

Depois de uma viagem do engenheiro Alberto de Mello Flores ao exterior, foi escolhido o hangar tipo Caquot em concreto armado, que apresentava uma série de vantagens em relação aos outros tipos em uso.

O hangar apresenta planta retangular de 126,4 x 61,6 metros com apenas duas linhas centrais de pilares, como indica o esquema da figura 2.

No sentido longitudinal, nas duas frentes de 126,4 metros não existem pilares, possibilitando plena liberdade de alojar aviões pequenos e grandes. A estrutura principal (figura 3) é constituída de treliças com duplo balanço de 23,3 metros com um pequeno vão central de 15 metros, resultando a dimensão total de 61,6 metros do lado menor do retângulo. Essas treliças possuem a maior altura de 4,6 metros nos apoios e no vão central. No sentido longitudinal, a estrutura é dividida por três juntas de dilatação, em quatro blocos de 31,6 metros, perfazendo o total de 126,4 metros do lado maior do retângulo em planta. Em cada bloco

a estrutura é uma treliça tipo Howe, com 4,6 metros de altura.

No sentido longitudinal, as treliças Howe (com diagonais comprimidas) estão ligadas aos pilares centrais. A figura 4 mostra o esquema da estrutura que se repete oito vezes, quatro em cada linha de pilares centrais.

Além do peso próprio do concreto, dos revestimentos, da impermeabilização e do isolamento térmico, foi considerada a sobrecarga variável de 0,50 kN/m² na parte em balanço e 1,00 kN/m² na parte central. Nessa parte central, onde existe uma laje inferior utilizada como laje de piso, foi considerada a sobrecarga variável de 5,00 kN/m². Nas extremidades das treliças em duplo balanço foi considerada a carga de duas pontes rolantes de 40 kN de carga útil, suspensas em duas vigas de rolamento. A reação máxima em cada ponto na extremidade da treliça foi de 55 kN. Cargas horizontais admitidas foram apenas de vento com pressão de obstrução de 0,70 kN/m², atuando em toda a área das portas e da estrutura. Efeitos térmicos considerados foram de variação de temperatura em torno da média no Rio de Janeiro, de +10 ºC e de –20 ºC.

O cálculo do concreto foi feito pelo método das tensões admissíveis, válido na época, adotando na compressão a máxima tensão de 4,5 MPa. As barras tracionadas das treliças foram armadas com vergalhões de aço especial St 52, de procedência alemã (Krupp), com a tensão admissível de 180 MPa (diâmetro de 32 milímetros nas treliças em balanço e de 47 milímetros nas treliças longitudinais), envolvido por concreto de tal modo que a tensão máxima de tração não ultrapassasse 5 MPa. Para que o concreto nos banzos tracionados das treliças longitudinais não fissurasse, a concretagem somente foi feita depois de a estrutura entrar em carga. Em outras partes da estrutura foi adotado o aço comum na época, ST 37. O descimbramento da estrutura foi acompanhado por medidas de flechas feitas pelo Instituto de Pesquisas Tecnológicas de São Paulo. Paulo Fragoso descreve com detalhes os resultados dessas medidas, assim como da prova de carga feita em uma peça de abobadilha, cujo resultado foi excelente.

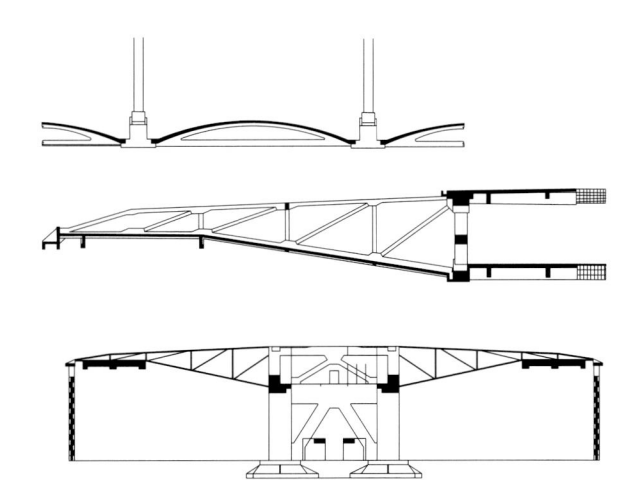

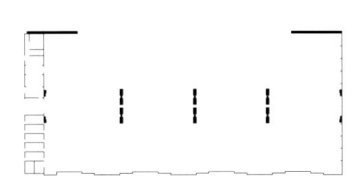

2. Planta do pavimento térreo do Hangar Santos Dumont.

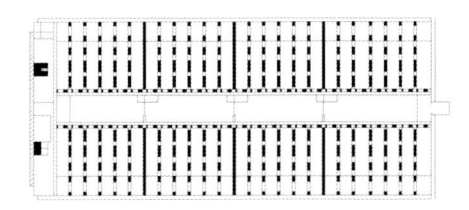

3. Planta do pavimento superior do Hangar Santos Dumont.

4. Meia estrutura das treliças com duplo balanço. O espaço entre as treliças é fechado por meio de cascas cilíndricas de concreto armado de 3,5 centímetros de espessura, apoiadas em vigas T invertidas espaçadas de 5,26 metros, junto ao intradorso da treliça.

Caixa d'Água de Olinda

Luiz Carlos Nunes de Souza (arquitetura); **Fernando Saturnino de Brito** (estrutura);
Olinda, Pernambuco, 1937

Luiz Carlos Nunes de Souza, nascido em Minas Gerais e discípulo de Lucio Costa, durante as atividades como arquiteto da Secretaria de Obras Públicas do Recife, entre 1934 e 1937, foi responsável pelas primeiras obras modernas na região, entre elas a Caixa d'Água de Olinda, solicitação da Diretoria de Águas e Saneamento do Estado, considerada a primeira obra em concreto armado do Nordeste.

O edifício, que utiliza o sistema tradicional pilar vs. viga, é composto por um volume prismático puro sobre pilotis, preenchido com elementos pré-fabricados de vedação conhecidos como combogó, feitos de cimento e areia.

O bloco de seis pavimentos foi construído em uma colina no Centro Histórico de Olinda, e tinha por finalidade atender à necessidade de abastecimento de água da cidade.

O emprego de panos contínuos desses elementos de pequenas dimensões favorecia a iluminação difusa e a ventilação permanente, servindo, portanto, como autênticos *brise-soleil*, ao mesmo tempo em que auxiliavam a composição das fachadas.

Mais tarde, e em outras regiões do país, esses elementos característicos feitos também de cerâmica comum ou vitrificada foram muito utilizados.

Luiz Nunes morreu muito cedo, aos 29 anos de idade, deixando de oferecer assim sua brilhante contribuição à história brasileira do concreto armado.

Estação Rodoviária de Londrina

João Batista Vilanova Artigas (arquitetura); **Augusto Carlos de Vasconcelos** (estrutura); Londrina, Paraná, 1950

É com prazer que eu, Vasconcelos, como responsável pela estrutura, descrevo algo não publicado. Esta obra marcou época na cidade de Londrina nos anos 1950 e na arquitetura moderna brasileira. Foi construída em frente da estação ferroviária de estilo inglês, provocando um verdadeiro contraste entre o moderno brasileiro e o importado sem raízes culturais. Foi interessante a comparação, que chamou a atenção para o que de melhor se fazia no Brasil.

Artigas não tinha formação de estruturista mas possuía uma bela intuição. Gostava de sentir as formas estruturais e raciocinar sobre o comportamento de cada estrutura. Foi nessa ocasião que fui apresentado a ele. Eu era quase recém-formado, com apenas dois anos de carreira. Ainda não possuía escritório próprio. Artigas pediu-me que projetasse as estruturas de suas obras no próprio estúdio do arquiteto, pois assim existiriam melhores condições para um diálogo mais intenso. Lembro-me de sua concepção da marquise de entrada na rodoviária. Precisava ser bastante esbelta, suficientemente larga, quase pairando no ar. Sua sustentação deveria ser quase transparente, sem obstruções. Apesar de já terem se passado 50 anos, lembro-me perfeitamente das conversas com Artigas. Ele desejava projetar algo que tivesse justificativa para a forma idealizada. Por isso, a sustentação da marquise foi imaginada com 2 pares de tubos de aço dispostos em V. A estabilidade ficaria garantida pela fixação da própria laje da marquise na estrutura do corpo do prédio. Os apoios tubulares serviriam apenas para levar o peso próprio da marquise para as fundações. Ao invés de imaginar uma laje plana, Artigas desejou "dar movimento" ao abrigo, concebendo a laje com espessura variável e com certa ondulação (dizia ele que "para justificar a forma adequada aos momentos..."). A laje mais grossa na posição dos apoios ia se afinando até as pontas, onde teria a mínima espessura compatível com o concreto e suas deformações. Foi necessário prever uma contraflecha significativa para compensar a deformação ao serem retirados os escoramentos. Expliquei ao Artigas que, com o tempo, a deformação lenta do concreto poderia até duplicar a flecha. Ele vibrou com esses comentários, e aumentou a contraflecha.

Ao longo do trecho de embarque, os ônibus deveriam ficar ao abrigo do sol para a entrada mais confortável dos passageiros. Artigas previu então uma série de abóbadas cilíndricas, com entradas oblíquas para os ônibus. A última abóbada não seria apoiada em pilares verticais. Expliquei ao Artigas que, do ponto de vista estático, os apoios deveriam acompanhar a tangente extrema da casca cilíndrica, concebendo apoios inclinados. Ele adorou a forma, porque era exatamente o que ele queria e não ousava propor. Quis se certificar de que isso era teoricamente o melhor.

Posteriormente, alguém mal informado, julgando que a segurança era precária, introduziu, sem ouvir opiniões abalizadas, escoras totalmente erradas, provocando até introdução de momentos nocivos nos pontos de contato com os pilares inclinados (ver croqui na página 201). Provavelmente essa pessoa imaginou a existência de deslocamentos do solo provocando aumento do vão. Em vez de propor a execução de tirantes horizontais nas fundações, como seria o correto, optou por acrescentar apoios horrorosos. Como houve alguma deformação lenta do concreto com esse escoramento errado, sua demolição deve ser procedida com cuidado.

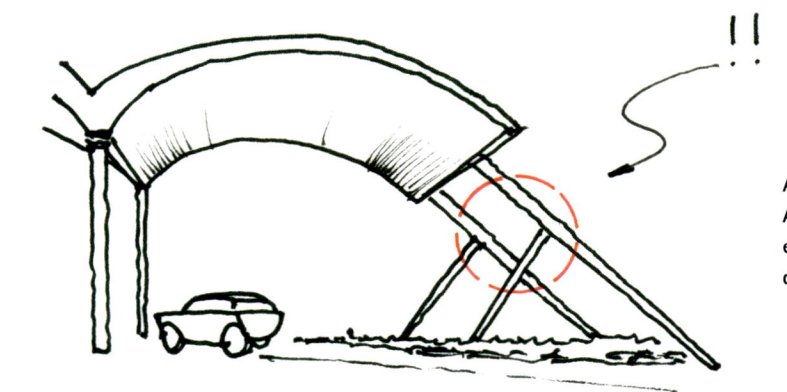

Aspecto da obra com o escoramento errado que ainda existe. Além de não funcionar, esse escoramento prejudica, introduzindo esforços nocivos nos pilares oblíquos. Este é um exemplo vivo do que não se deve fazer!!! (Croqui de Renato Carrieri Junior)

Última abóbada cilíndrica com os apoios na direção da tangente. (O comentário irônico, anotado na foto de época, é do engenheiro Rubens Cascaldi, o responsável pela execução da obra.)

Estação Rodoviária de Jaú

João Batista Vilanova Artigas (arquitetura); **Maubertec Engenharia** (estrutura); Jaú, São Paulo, 1973

Tal como a Estação Rodoviária de Londrina, Artigas inovou transformando a Estação Rodoviária de Jaú em marco arquitetônico do estado de São Paulo. Ela está situada em área anteriormente ocupada pela estação ferroviária, transferida para outra localidade.

Na maior parte das vezes, o espaço destinado ao programa funcional é organizado de modo a compatibilizar-se com a malha estrutural. Em Jaú, Artigas não mudou as regras. Entretanto, preparou uma surpresa para aqueles que consideram o concreto armado um material rígido, que admite somente ligações entre pilares e vigas em ângulo de 90°.

O pilar que se transforma em quatro vigas sob o domo de iluminação zenital é uma solução inédita em obras de Terminais de Transporte, ilustrando perfeitamente as possibilidades plásticas do material estrutural que se curva obediente, generoso e submisso ao traço magistral de Artigas, considerado o "pai" da arquitetura moderna paulistana.

Em seu interior, os diferentes níveis são ligados por rampas, estabelecendo hierarquias distintas para questões funcionais em obediência ao programa.

Permitimo-nos aqui reproduzir um fato pitoresco contado pelo próprio Artigas, e publicado no livro *Vilanova Artigas: arquitetos brasileiros*:

"Um pequeno pormenor, que vale a pena contar, porque sempre acho interessante um julgamento do povo em relação às coisas que faço. Se acham bonito ou feio. Em relação a essa rodoviária, há uma anedota que me encantou. O ônibus entra na rodoviária e as pessoas descem diretamente na plataforma, e uma senhora que ia para Jaú me contou que, quando o ônibus entrou na estação, o motorista disse:

'A senhora não vai descer?'

E ela: 'Não, eu vou para Jaú'.

'Mas nós estamos em Jaú'.

'Que nada, rapaz, eu conheço Jaú, e lá não tem dessas coisas!'"

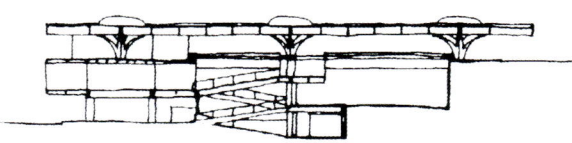

Corte rampas.

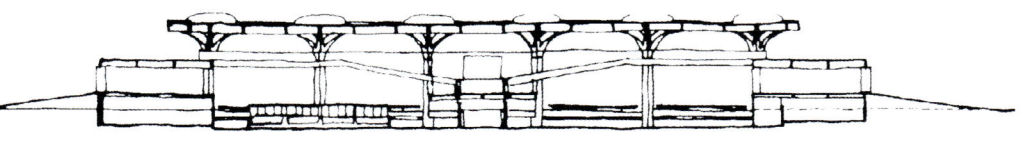

Corte transversal (obs.: os desenhos são de próprio punho de J.B.V. Artigas).

Conclusões

Sem pretender analisar questões puramente teóricas relacionadas com as tendências contemporâneas da arquitetura brasileira, apesar de julgarmos imprescindível a recomendação de que jamais devemos perder contato com as nossas raízes, endeusando modelos importados em alguns casos mais preocupados na obtenção de efeitos estéticos inconseqüentes e desprezando aquilo que sempre foi a marca registrada da nossa produção: a **autenticidade**, esta publicação objetiva unicamente destacar a importância do concreto armado no processo de produção de algumas das principais obras construídas no país, em um intervalo de tempo de 100 anos apenas.

Todavia, não poderíamos deixar de destacar a importância do estudo da estrutura nos cursos de formação.

O envolvimento com o mesmo deve ser vivido com paixão, que se traduz no estudo aprofundado das disciplinas da área técnica também, onde se insere, é bom lembrar, o concreto armado. E embora possa parecer fora de propósito a paixão pela técnica, lembramos que arte e técnica são inseparáveis na arquitetura.

O momento mágico da concepção do espaço deve permitir que este seja coerente com o sistema estrutural e integrado a ele, ambos adequados à natureza do projeto que se pretende resolver.

O estudo das tipologias, forma e comportamento estático da estrutura e seus elementos é de fundamental importância, donde se conclui que às disciplinas técnicas não se deve deixar de dar a devida atenção.

Embora a concepção intuitiva de um sistema estrutural raramente falhe, pois dirigido pela intuição o homem construiu os primeiros sistemas estáveis desde o surgimento da vida na Terra, de nada adianta intuição sem conhecimento.

A estrutura é parte integrante da arquitetura. Para idealizá-la é preciso conhecê-la, pois também deve ser expressiva além de servir para a finalidade que se destina: sustentação e rigidez.

A forma da estrutura sempre esteve e estará associada à forma do edifício e vice-versa. Tais mecanismos devem ser coerentes entre si, sendo impossível separá-los na concepção e na execução da obra futura, visto que esta é conseqüência formal e direta do processo do projeto.

Torroja dizia:

"O nascimento de um sistema estrutural, resultado de um processo criador, fusão de Técnica com Arte, do talento com o esforço, da imaginação com a sensibilidade, escapa do restrito domínio da lógica, para adentrar as fronteiras secretas da inspiração. Antes e acima de todo o cálculo, está a idéia, diretriz da forma, da técnica e dos materiais destinados ao cumprimento de uma missão."

E. Torroja Miret: *Razón y ser de los tipos estructurales.*

Referências bibliográficas

BRUAND, Yves. *Arquitetura contemporânea no Brasil.* São Paulo: Editora Pespectiva, 1991.

CARVALHO, Gabriela; ROCHA, Claudia Lacomre. *A aventura do concreto armado no Rio de Janeiro.* Rio de Janeiro: Sindicato Nacional da Indústria do Cimento, 2003.

CAVALCANTI, Lauro. *Quando o Brasil era moderno.* Rio de Janeiro: Aeroplano Editora, 2001.

COSTA, Lucio. *Sobre arquitetura.* Porto Alegre: FAU-UFRS, 1962.

FICHER, Sylvia; ACAYABA, Marlene Milan. *Arquitetura moderna brasileira.* São Paulo: 1982.

FRANCO, M. "Il grattacielo del Citicorp Center a San Paolo (Brasile)", in *L'Industria Italiana del Cemento*, maio de 1991, pp. 286-303.

INSTITUTO LINA BO e P. M. BARDI. *Vilanova Artigas.* São Paulo: Fundação Vilanova Artigas, 1997.

INSTITUTO TOMIE OTHAKE. *Vilanova Artigas.* São Paulo: 2003.

MINDLIN, Henrique E. *Arquitetura moderna no Brasil.* Rio de Janeiro: Aeroplano Editora/IPHAN, 2000.

OLIVEIRA, N. C.; FRANCO, M. "Arte e técnica in un edifício per lo sport e la cultura a Santos (Brasile)", in *L'Industria Italiana del Cemento*, março de 1989, pp. 200-11.

PALLINI, L. "Il palazzo dei congressi nel parco Anhembi a San Paolo (Brasile)", in *L'Industria Italiana del Cemento*, abril de 1977, pp. 251-60.

REIS Fº, Nestor Goulart. *Quadro da arquitetura no Brasil.* São Paulo: Editora Perspectiva, 2002.

SAMPAIO, Maria Ruth Amaral de. *A promoção privada de habitação econômica e a arquitetura moderna 1930-1964.* São Carlos: RiMa Editora, 2002.

SEGRE, Roberto, *Arquitetura brasileira contemporânea.* Petrópolis: Viana e Mosle, 2003.

SEGAWA, Hugo. *Arquiteturas do Brasil.* São Paulo: Editora da Universidade de São Paulo, 2002.

UNDERWOOD, David. *Oscar Niemeyer e o modernismo de formas livres no Brasil.* São Paulo: Cosac & Naify, 2002.

VASCONCELOS, Augusto Carlos de. *O concreto no Brasil.* Volume I. São Paulo: Pini, 1992.

VASCONCELOS, Augusto Carlos de. *O concreto no Brasil.* Volume II. São Paulo: Pini,1992.

VASCONCELOS, Augusto Carlos de. *O concreto no Brasil.* Volume III. São Paulo: Studio Nobel, 2002.

VASCONCELOS, Augusto Carlos de. *Pontes brasileiras, viadutos e passarelas notáveis.* São Paulo: Pini, 1993.

PROJETO EDITORES ASSOCIADOS. *Arquiteturas no Brasil / Anos 80.* São Paulo: Pini, 1993.

XAVIER, Alberto; CORONA, Eduardo; LEMOS, Carlos. *Arquitetura moderna paulistana.* São Paulo: Pini, 1983.

XAVIER, Alberto; BRITTO, Alfredo; NOBRE, Ana Luiza. *Arquitetura moderna no Rio de Janeiro.* São Paulo: Pini/Fundação Vilanova Artigas; Rio de Janeiro: Rioarte, 1991.

Sobre os autores

AUGUSTO CARLOS DE VASCONCELOS

Formado Engenheiro Civil em 1948 pela Escola Politécnica da Universidade de São Paulo, sempre se dedicou às estruturas, atuando em seu escritório de cálculo durante 30 anos.

Assistente da cadeira de Cálculo Diferencial e Integral e Cálculo Vetorial na Escola Politécnica, e de Física I e II na FEI (PUC-SP), mais tarde passou a lecionar Resistência dos Materiais e Estabilidade das Construções na Escola Politécnica e na FAU-USP, como assistente do professor Telêmaco van Langendonck.

Com uma bolsa de estudos da *Alexander von Humboldt Stiftung*, foi para a Alemanha (Munique) em 1954, onde, após 14 meses, defendeu em alemão a tese sobre Modelos Fotoelásticos Armados, obtendo o título de doutor em Engenharia.

Retornando ao Brasil, obteve a titularidade na cadeira de Concreto Protendido da Escola de Engenharia da Universidade Mackenzie, onde permaneceu até 1962.

Fundou em 1957 a primeira fábrica no Brasil de estruturas pré-moldadas de concreto protendido de fio aderente. Em 1964 vendeu sua participação acionária e passou a atuar como consultor, tendo participado da instalação de inúmeras fábricas de pré-moldados (PROTENSA em Curitiba, PORTELA em Salvador, CINASA em São Bernardo do Campo) e colaborado com a implantação de diversas outras (CONSID, RODRIGUES LIMA, PREMO, FAPREMO, CPM, CASSOL, etc.)

Examinador de diversas bancas de mestrado e doutorado na Escola Politécnica e na Escola de Engenharia de São Carlos, é autor de 135 artigos publicados em revistas especializadas e de 10 livros, entre eles: *O Concreto no Brasil*, vols. 1 e 2 (1992) e vol.3 (2002), *Pontes Brasileiras* (1993), *Estruturas da Natureza* (2000), *Máquinas da Natureza* (2004) e *Vida de Emilio Baumgart* (2005).

Recebeu diversas medalhas do Instituto de Engenharia e o Prêmio Emílio Baumgart, do Instituto Brasileiro do Concreto (IBRACON). Foi membro de ligação (*Liaison Member*) entre as Normas Brasileiras e as Normas Americanas do *American Concrete Institute* (ACI).

Projetou numerosas pontes da rodovia dos Imigrantes (a maior delas na Baixada Santista), na rodovia dos Bandeirantes (DERSA), na rodovia Pedro I e no Paraná. Em Goiás ganhou o concurso de projeto de ponte com 900 metros sobre o rio Tocantins, em Porto Nacional.

Representou o Brasil na Federação Internacional do Concreto, em substituição ao professor Telêmaco van Langendonck, e é vice-presidente do IBRACON, cargo que ocupa há vários anos, tendo participação ativa na produção de várias Normas Brasileiras.

Participou e continua a participar de inúmeros congressos no Brasil e no Exterior desde 1970. Foi escolhido, em 1993, o "Engenheiro do Ano" pelo Instituto de Engenharia, e, em 2003, recebeu em Vancouver o título de *Honorary Member* do *American Concrete Institute*.

RENATO CARRIERI JUNIOR

Arquiteto paulistano de nascimento, é descendente direto de italianos. Seu pai, Renato Carrieri, engenheiro arquiteto formado na Itália, na cidade de Pádova, foi o principal assessor do arquiteto Elisiário da Cunha Bahiana no início dos anos 50, em São Paulo. Com a mudança da família para Santos, concluiu seus estudos em 1975, na primeira turma da Faculdade de Arquitetura e Urbanismo da Universidade Católica, tendo exercido, a partir de então, atividades relativas a projetos de arquitetura, direção e fiscalização de obras.

Ele mesmo se define como um profissional da prancheta, dedicando-se ininterruptamente ao projeto e à fiscalização de obras durante três décadas.

Em paralelo, iniciou sua carreira docente como professor de Projeto da FAU Santos, em 1982, e permaneceu na Instituição até 1995. Desde 1995, é professor de Projeto da Faculdade de Arquitetura e Urbanismo da Universidade Mackenzie, e professor das disciplinas Projeto e Sistemas Estruturais, da Faculdade de Arquitetura e Urbanismo da Universidade Anhembi Morumbi.

Professor convidado para bancas de trabalhos finais de graduação de inúmeras Faculdades de Arquitetura, é mestre e doutorando em estruturas pela Faculdade de Arquitetura e Urbanismo da Universidade de São Paulo.

LAMBERTO SCIPIONI

Fotógrafo profissional, nascido em Roma, divide suas atividades entre o Brasil e a Europa. Colabora com diversas publicações brasileiras e européias. Participou de várias exposições individuais e coletivas em diferentes países. Autor dos livros:

Modernidade - Art Brésilien du 20ème siècle, Ministério dos Assuntos Estrangeiros da França, 1987

Artistas do muralismo brasileiro, Volkswagen, 1988

A mão afro-brasileira, Odebrecht, 1988

Pintores negros do oitocentos, Ed. MWM, 1989

Cinqüenta anos de comércio, SESC, 1989

A natureza na arte brasileira, Volkswagen, 1990

Slavik-Sculptures Évolutives, Edizioni Mazzotta, Milano, 1998

O Egito dos Faraós, Coleção Museu do Louvre, Exposição FAAP, São Paulo, 2001

L'Éternel Retour, Edizioni Mazzotta, Milano, 2003

Em memória de todos os colegas arquitetos
e engenheiros não mais presentes.

AGRADECIMENTOS

Cimento Nassau – Grupo Industrial João Santos
Aluízio Fontana Margarido
Arthur Luiz Pitta
Bruno Contarini
Filemon Botto de Barros
Maria Helena de Morais Barros Flynn
Maria Isabel Villac
Neusa Habe
Ricardo Belpiede
Rosilene Lefone

Agradecimentos especiais pela valiosa colaboração a

Francisco Lúcio Mário Petracco
Helena Rego
Julio Camargo Artigas
Mário Franco
Elcio Yoshitaka Yokoyama

Direção editorial: LUIS PELLEGRINI, CAIO KUGELMAS e MELANIA SCOSS
Projeto gráfico e capa: CAMILA MESQUITA
Coordenação geral de textos e desenhos: ELCIO YOSHITAKA YOKOYAMA
Assistente de fotografia: GIULIANO UBALDI
Desenhos das obras do arquiteto Vilanova Artigas: TOMASO VICENTE LATEANA (com exceção da Rodoviária de Jaú)
Preparação de texto: PÁGINA ÍMPAR
Produção gráfica: REGINA CÉLIA SOARES DE SOUZA
Fotolitos: NOVOFOTOLITO
Impressão: RAÍZES ARTES GRÁFICAS

Dados Internacionais de Catalogação na Publicação (CIP)
(Câmara Brasileira do Livro, SP, Brasil)

Vasconcelos, Augusto Carlos de
Carrieri Junior, Renato

A Escola brasileira do concreto armado / organização e textos Augusto Carlos de Vasconcelos, Renato Carrieri Junior ; fotografias Lamberto Scipioni. -- São Paulo : Axis Mundi, 2005.

ISBN 85-85554-34-7

1. Arquitetura - Brasil - História 2. Concreto armado 3. Concreto armado - História
4. Construção de concreto - Brasil I. Vasconcelos, Augusto Carlos de. II. Carrieri Junior, Renato.
III. Scipioni, Lamberto.

05-8078   CDD-721.044540981

Índices para catálogo sistemático:

1. Brasil : Construções em concreto armado : Arquitetura 721.044540981
2. Concreto armado : Construções : Brasil : Arquitetura 721.044540981

Primeira edição: dezembro de 2005